원지선 수필집

너, 보고 싶다
지금 참 보고 싶다

너, 보고 싶다

지금 참 보고 싶다

원지선 수필집

1판 1쇄 인쇄/ 2015년 1월 15일
1판 1쇄 발행/ 2015년 1월 20일

지은이 / 원 지 선
펴낸이 / 우 희 정
펴낸곳 / 도서출판 소소리

등록 / 제300-2007-21호
주소 110-521 서울 종로구 혜화로35, 302-1호
(명륜동 1가, 경주이씨 중앙회빌딩)
전화 / 765-5663, 010-4265-5663
e-mail: sosori39@hanmail.net
www.sosori.net

값 12,000 원

*잘못된 책은 바꿔드립니다.

ISBN 978-89-97294-87-9 03810

원지선 수필집

너, 보고 싶다
지금 참 보고 싶다

미안합니다!

부모님께 미안합니다. 마지막 손을 잡아드리지 못하고 떠난 아버지 미안합니다. 그런 미안함 알면서 달을 넘겨 찾아뵙게 되는 어머니께 미안합니다. 날 낳아서 키워주신 어머니는 노인병원에 계시게 하고 자식을 끼고 사는 오늘 미안합니다.

남편께 미안합니다. 예쁜 아내가 아니라서 미안합니다. 남자들은 모든 조건 두고 미인 아내를 자랑한다는데 누가 봐도 남편보다 못한 아내라 미안합니다.

지혜로운 엄마가 못되어서 미안합니다. 꽂아두면 움직이지 못하는 식물처럼 융통성이 없어 나눠줄 경제적 능력이 없어서 미안합니다. 밤낮으로 변하는 세상에 정보를 얻을 줄도 이용할 줄도 몰라 험한 세상에 각자 스스로 헤쳐 나가도록 짐지워 줘서 미안합니다.

살가운 친구가 되지 못해 미안합니다. 늘 마음뿐이라 먼저 만나러 나서지도 않고 별일 없냐고 챙겨주지 못해 미안합니다. 별일 있는 줄 알면서도 아무 도움이 되지 못해 미안합니다.

세상에 미안합니다. 그 많은 성금, 모금에 참여하지 못해서 미안합니다. 거리마다 동참 서명대 앞을 비켜간 것이 미안합니다. 이렇게 세상에 쓰레기 하나를 보태고 종이를 낭비해 미안합니다.

변명합니다.

한 명의 뜨거운 독자가 되어주실 어머니가 계시기에 감히 용기를 냅니다. 고맙다고 말해주는 남편과 지금 모습으로 키워줘서 감사하다는 아들의 부추김에 못이기는 척 오만을 부립니다. 그리고 살아가는 지혜를 나누어주며 친구라고 생각해주는 가슴들이 있어 감히 내밀어 봅니다.

감사합니다.

지금과 내일 그리고 추억을 같이 하는 모든 '너'님들 고맙고 감사하다는 인사드립니다.

(20141124192)

元祉善

▷ 차 례

1. 기다리는 마음

2. 또 다른 사랑

3. 유월 장미

4. 오래된 미래

1.

기다리는 마음

92. 10. 29.

木曜.

– 시인 천상병 –

빗소리가 벽을 후두둑거리는 온돌방 귀퉁이에
시인이 누워 있었다.
시인은 가슴으로도 눈으로도 詩를 쓸 수 없었고
이미 마른 詩샘에선
추적 추적 인생의 마른 버굼만 버석이더라.
이생이 소풍이라 노래한 시인의
장작개비처럼 물기 없이 한 움큼으로
접혀져 누워 있는 머리 맡에
새 신발 대신 스텐 요강이 멀뚱 놓여 있는 것은
소리도 읽지도 않은 詩를 앙상한
육신으로 그려내고 있더라.
詩는 훨훨 날아
지붕위로 구름위로 손때 묻은 책장속에서
꿈을 꾸더라.

까치집

2월 한적한 오후에 무심히 창밖을 내다보다 시선이 멈추었다. 마당 주차장을 가르는 좁은 정원에 메타세쿼이아 나무가 눈앞을 가로질러 올라 있다. 23년 된 아파트이다 보니 정원 나무도 우거져 그 높이가 우리 집 위로 훅 넘겨 서 있다. 눈높이쯤 나뭇가지 사이에 동그마니 까치집이 앉아있다. 나무 한 그루만 쭉 뻗은 채 홀랑 벗은 모습이어서 휑해 보일 뻔했다. 그런데 잘 어우러지고 안정감 있었던 것은 까치집을 품고 있었기 때문이구나 하고 생각할 즈음이다.

까치 한 마리가 포로롱 날아오더니 제일 아래 가지에 앉는다. 그리고는 갈지자로 왔다 갔다 하며 한 가지씩 계단을 오르듯 천천히 폴짝폴짝 뛰어오른다. 잠시 후 또 한 마리가 날아와 똑같은 방법으로 한 가지씩 뛰어서 집 속으로 들어가는 것이다. 육층까지 계단을 세며 또박또박 걸어서 집으로 올라오는 것처럼.

까치 두 마리는 대낮에 집안에서 뭐할까? 무슨 얘기할까? 어떤 의논을 할까? 아님 사랑이라도 나누는지 두 마리가 들어간 까치집 내부가 못내 궁금해서 지켜봤다. 얼마가 지나 두 마리가 나란히 날아 나와 강 쪽으로 앞서거니 뒤서거니 날아간다. 노부부가 점심 식사 후 오후 산책을 나가는 것처럼.

그의 집은 지난여름과 가을에도 분명 있었을 텐데 2월 끝자락에서 발견되었다. 그건 나무가 무성하게 이파리들로 옷을 입었을 때는 보이지 않았다. 지금은 홀랑 벗고 가지만 앙상하게 서 있기 때문에 보인 거라고. 그런데 까치집은 지난해 그 전 해, 어쩌면 더 오래되었을지도 모른다. 내가 보지 못했을 뿐일 것이다. 눈으로 봤지만 마음으로 본 적이 없었기 때문이겠지.

지금도 까치를 보지 않았다면 그냥 무심코 지나쳤을 것이다. 움직이지 않는 식물과 떠났다 다가왔다 하는 동물과 어우러질 때 아름다움이 완성되는 이치일까? 그런 연유로 나무는 까치가 집을 짓는 걸 허용했을지도 모른다. 움직일 수 없는 나무라 해도 그도 의식이 있기 때문에 원하지 않는 건 허용하지 않는다는 걸 안다.

나무와 까치와의 관계를 생각다가 시인 류시화 님의 「새와 나무」를 떠올린다. 그 시를 만난 지 이십 년 하고도 몇 년이 더 된 시간 전이다.

> 새는 그 나뭇가지에 집을 짓고
> 나무는 더 이상 흔들리지 않지만
> 나만 홀로 끝없이 흔들리는 것은

당신이 내 안에 집을 짓지 않은 까닭이다. - 전문 중에서

결혼 십년을 막 넘긴 시간이었다. 한 곳을 바라보리라는 처음 결심은 잊히고 사소한 갈등과 톱니가 맞지 않은 두 개의 바퀴가 심하게 삐걱거리는 일상에서 이 시를 만났다. 백 쪽 남짓한 시집을 혼자인 밤 시간 내내 읽고 또 읽으며 울고 또 울던 모습이 떠오른다. 「새와 나무」는 내 심정이 사진 찍힌 듯 선명하게 가슴에 무늬를 만들었다. '문학이 신앙'이라는 어떤 친구의 철학이 나에게도 각인되는 계기가 되었다.

이제 새와 나무가 어우러진 모습을 아름답게 볼 수 있는 것은 마음의 눈이 생긴 여유일까. 까치 두 마리가 날아가는 모습이 부부의 산책으로 보이는 것도 내 일상의 편안함에서 오는 바라봄이겠지. 까치는 왜 6층 높이에 집을 지었을까? 가장 안전한 위치일까. 내 집도 6층인데. 그래서 23년을 내리 한 자리에 살고 있는 건가. 까치와 내가 같은 체질인가?

(20130224179)

기다리는 마음

> 일출봉에 해 뜨거든 날 불러주오. 월출봉에 달뜨거든 날 불러주오.
> 기다려도 기~다려도 님은 오지 않고….

가곡 '기다리는 마음'은 친정아버지가 좋아하시던 노래다. 아버지가 돌아가신 후부터 이 노래를 웅얼거리는 버릇이 생겼다. 노래를 웅얼거리다보면 어느새 눈물이 박자를 맞춘다.

지난가을 연락도 없이 아버지를 뵈러 갔었다. 불쑥 들어서는 여식을 보고 "네가 사람이가, 내 딸인가, 아닌가?" 하시며 기쁨에 놀라시던 표정이 왜 이제사 생각이 나는 걸까. 하룻밤 자고 나오는 길에 하룻밤만 더 자고 가면 안 되겠냐고 애원하는 눈빛을 왜 기억해내지 못했을까. "또 올게요, 금방 아버지 뵈러 올게요." 하고 약속한 것을 잊어버렸을까. 여러 장면 중 단 한 컷만이라도 생각했더라면 한 번쯤은 더 아버지를 뵐 수 있었을 텐데. 거동을 못하시고 누워서 혹시 지난번처럼 불쑥 들어오지나 않을까 두어 달 동안 얼마나 기다렸을까.

한 번만 더 찾아가 로맨티스트이신 아버지의 감성을 조금이나마 물려받은 은혜에 감사하다고 전해 드릴걸. 맑은 소주 같은 아버지를 존경한다고. 세상 여자들 중 가장 예쁘고 머리 좋은 여식이라고 기 세워준 거 고맙다는 말을. 그리고 당신이 내 아버지였음에 진심으로 감사하다는 말을 귀에다 속삭여 드릴 걸.

우리 집에 다니러 오실 때면 나랑 마주 앉아 술 나눠 마시기를 즐겨 하시던 아버지셨다. 외출에서 돌아오는 길엔 손수 막걸리와 두부를 사들고 오셨다. 막걸리 한 잔 받아 마시고 참 좋다고 하면 한 잔만 더 하라고 권하시곤 했는데. 그때 한 잔 더 받아 마실 걸. 입에서 당기지 않더라도 한 잔만 더 받아 마시고 맛나다고 할 걸. 내 감정이나 계획에 앞서 아버지 마음에 쫓아 마음을, 시간을 내놓는 여유를 한 번이라도 가졌더라면.

결혼 전날 밤 '두 달 살아보고 아니다 싶으면 다시 오라'는 말로 시집보냈던 아버지셨다. 두 달 안에는 마음에 들지 않을 일이 별로 없을 거라는 것을 알았을 테고 정말 힘들다는 생각이 들었을 때는 이미 두 달이 지난 후였다. 그때사 아버지의 그 말씀의 의미가 뭔지 깨달게 되면서 한 번도 사는 게 힘들다고 어리광을 내놓지 못했는데. 지금 생각하면 표현 그대로 진심이었을 거라는 느낌이 든다. 언제나 기다리는 부모가 있다는 것을 그렇게 말씀하셨다는 것을.

작은아이가 보따리를 싸서 외국으로 갔다. 공항에서 보내고 나오는데 다리에 힘이 빠져 옮겨 놓을 수가 없었다. 무슨 말을 했던 것 같은데 한마디도 생각나지 않는다. 가슴이 휑할 뿐이었다. 명치에 바람이 숭숭 지나가며 막막하고 허허로웠다. 손에 쥐었던 떡 진흙탕에 놓친 기분이랄까. 또 오겠다고 빈말을 하고 휑하니 나온 뒷전에서 아버지가 느꼈을 가슴 서늘함이 이랬을까.

그러고 보면 이런 가슴이 처음은 아니다. 큰아이를 처음 포항으로 떠나보냈을 때도 이랬다. 작은아이가 입대를 했을 때도 같은 마음이었지. 그때는 내 부모님도 이럴 거라는 생각을 못했을까 바보 천치같이. 돌아가신 이제야 이 맘이 그 맘 일거라는 생각이 드는 걸까. 차라리 영 바보가 되어 지금도 모르고 말지. 자식만이 나를 철들게 한다던 말이 이런 경우를 두고 하는 말이겠지. 한 발씩 늦게 깨우치는 게 자식의 한계인지도 모른다.

스스로 품속을 빠져나간 아들은 가슴을 열어 나를 안아주고 떠났다. 아들은 기다릴 거라는 느낌조차 갖지 않은 채 제 세상을 향해 끝없이 날갯짓을 하겠지. 간혹 날개가 지칠 때면 내 품을 기억해내려나. 품고 있어서 될 일은 아니라는 것을 안다. 그래서 시집보내면서 못살겠으면 도로 오라던 아버지처럼 '힘들거든 언제든지 오너라.'는 말을 주었다.

그렇게 기다리면서도 어서 오라고, 와달라고 말하지 않은 아버지처럼 나도 버티어 내겠지. 마음껏 날고 더 큰 목표를 향해 날아

올라 보고픈 세상이 '이것이다'라는 정의가 내려지기를. 그리고 최선을 다하는 아들이기를 염원하는 것이 부모된 자가 누릴 수 있는 특혜일지도 몰라. 자식을 세상에 내보내고 가슴 쓰리도록 기다리면서도 아닌 척 할 수밖에 없는 것이 부모 몫인지 모르겠다. 아버지가 그랬듯이.

아버지는 이승이 힘들다고 떠났고, 아들은 더 크고 넓은 세상에서 날개를 펴겠다고 날아나갔다. 아버지는 기다림에 지쳐 손을 놓아버렸다. 그런데 나는 기다림의 손 하나를 내민다. 아버지처럼 기다리고 또 기다리다 지치면 나도 손을 놓겠지.

술 한 잔을 만찬으로 드시고 마지막까지 아버지 방법대로 가셨다. 나도 내식대로 가슴 한 쪽을 내놓고 기다리겠지. 무심한 척. 무심해서 눈앞에 보이지 않는 아들은 안중에 없는 듯.

(20070308134)

정거장

작은아이가 입대 후 1년 6개월 만에 9박 10일간의 정기 휴가를 다녀갔다. 번데기 껍질을 깨고 날아 나간 나비처럼 며칠 동안 입었던 옷들을 방안 여기저기 던져놓았다. 가슴에서 뜨거운 덩어리가 쑥 빠져나가 구멍이 뻥 뚫린 것 같은 허전함이 벗어놓은 옷 냄새와 섞여 눈물을 만든다.

큰아이는 대학원 학기가 끝나고 3박 4일 동안 집에 다녀갔다. 학기 중에는 바빠서 통화할 시간도 없다며 간간이 문자메시지만 나누었다. 서울에서 봐야 할 일을 동생 휴가에 맞추어 시간을 냈노라며 큰 보너스나 주는 것처럼 살짝 보여주고 간 셈이다.

냉동실에 채워둔 음식들은 고스란히 그대로 남았다. 며칠 전 남편은 퇴근길에 지하철 속에서 냄새날까봐 꼭꼭 싸매서 들고 왔다며 아주 맛있는 치킨이라며 내놓았다. 치킨을 먹어줄 시간이 없는 아이들이란 것을 설명하는데 왠지 말하는 사람도 듣는 사람도 민망한 마음이 들었다. 혹 너무 기운 빠져 할까봐 맛있는 척 며칠을 두고 내가 먹었다.

아이들이 온다는 소식을 듣고 마음이 들떴다. 모처럼 젊은 남자들과 데이트할 계획을 세밀하게 세웠다. 아이들과 같이 먹고 싶은 것도 정해 두고 같이 보고 싶은 영화도 골라 놓고 가족 외식 시간도 마련해 두었다. 아이들이 집에 있을 때 좋아하던 고기음식들을 종류별로 마련해서 냉동실을 채웠다.

휴가 온 군인 아들은 몇 마디 인사를 나눈 후 군복만 벗어두고 친구 만나러 나간다. 저녁 늦게 들어와서 오전 내내 자다가 밥 때만 되면 식사 약속이 있다고 나선다. 열흘 서른 끼 중 집에서 식사를 한 횟수는 서너 끼가 될까말까다.

모처럼 사흘 밤을 자고 가는 큰아이에게 덥수룩한 머리를 핑계로 미장원에 같이 가자고 애원하다시피 해도 시간을 내주지 않는다. 집에 있는 동안은 잠자는 시간과 컴퓨터 앞에 앉아서 보내는 게 전부다. 혹 바깥에 나갈 때 저만치 큰 길 언저리까지라도 같이 걸을 수 있을까 시장가는 일을 미루고 이제나 저제나 눈치만 본다. 그러다가 잠시 조는 사이 "다녀올 게요." 하는 소리와 함께 현관문이 닫힌다. 덩그러니 혼자 남은 거실에서 갑자기 시간 개념이 헛갈리기 시작한다. 일어섰다 앉았다, 잡았다 놓았다 허둥대는 내 모습에 가엾음이 확 덮친다.

아이들이 초등학생 때는 내 감정을 전할 수 없어서 공책에 편지를 썼다. 혼자 느끼는 감정들이기도 했지만 아이들이 이해할 만한 내용도 아니었기에 편지 형식을 빌린 넋두리였다. 중·고등학생 때는 구구절절 잔소리를 꽃 편지지에다 담아 도시락 가방을 통해 전했다. 물론 한 통의 답신도 받아보진 못했다. 책을 읽다가 책갈피 속에 메모를 남기기도 했다. 메모 내용은 '그대가 20살 되거든 다시 읽고 토론하자'고. 도스토예프스키의 『까라마조프 가의 형제들』을 읽으면서 '어서 20살 되어라'라고 주문을 외었던 기억은 어제 일 같다.

아이들은 모두 이십대 중반을 향해가는 나이에 이르렀지만 나와 마주 앉아 토론할 수 있는 시간은 없어 보인다. 나도 '까라마조프'를 다시 읽을 수 있는 열정이 식었기에 얼마나 다행인지 모른다. 공책 편지에서부터 빠뜨리지 않고 '날개를 달고 네가 원하는 세상을 향해 날아오르라'는 말을 후렴처럼 붙이고 있다. 날개를 펴고 훨훨 날아나간 가슴에 이렇게 큰 자국이 남을 줄도, 그 자리에 바늘로 쑤시듯 고독이 들어앉는다는 것도 그때는 몰랐었지.

아이들이 온다고 냉동고를 채우는 귀여운 짓은 이제 끝내야 할까 보다. 물론 아이들을 위해 치킨을 사들고 오는 일도 더는 없을 것이다. '할 일이란 게 만나서 식사하는 거'라던 큰아이 말이 맞다. 이제 성인이 되었으니 집에서 간식을 먹을 나이는 아니라는 것과 끼니를 챙겨야 할 엄마는 소용에 닿지 않는다는 것을 알게 되었다.

이미 나는 정거장일 뿐이다. 햇볕이 쨍쨍 내리쬐는 팔월 오후 시간 약속도 없이 어쩌다 한 번씩 쉬었다 가는 시골 정거장 같은 것. 친구들을 만나기 위해 잠시 멈춘 정거장일 수도 있고 가던 길을 멈추고 주변 풍경을 자세히 둘러보기 위해 머무르는 정거장일 수도 있다.

정거장의 주 임무는 마냥 '기다리는 것' 그것이다. 어릴 때 냄새를 품고 있는 편안한 의자 하나만 준비하면 될 것 같다. 그 의자에 앉으면 세상 어떤 곳에서도 맡을 수 없는 젖내가 풍기는 의자이면 되겠지. 고단한 몸으로 돌아와 잠시 앉기만 해도 세상이 전부 꽃밭으로 보이는 눈을 다시 찾을 수 있는 의자일 수 있다면. 의자에 누우면 잠시 조는 꿈속에서도 유년 시절 이야기를 만날 수 있고 고향 소리에 저절로 흥에 겨워져 잃었던 웃음을 되찾아 갈 수 있다면.

자식에게서 기대할 수 있는 것은 '기다릴 수 있는 여지'라고 생각한다. 나는 한 개 지붕과 의자 한 개를 갖춘 정거장이 되리라. 땡볕 아래 조그만 그늘을 만들고 있을 뿐 아무것도 갖추지 않아서 더 정겨운 정거장. (20050704110)

병원대기실에서 시를 읽다

'척' 하고 한 장이 넘어간다. 열 사람 시선이 와 닿는다. 조심해서 소리 나지 않게 책장을 넘긴다. 페이지에 놓인 활자를 읽는 시간보다 장을 넘기는 시간이 더 오래 걸린다. 책장은 끝나고 다시 첫 페이지에 왔다. 머리말부터 시작해 목차까지 꼼꼼히 읽고 넘긴다. 그래도 읽는 시간보다 넘기기가 더 늦다.

옆에 앉은 아저씨가 병색 짙은 얼굴로 어깨너머 책장에 눈을 둔다. 슬그머니 책을 덮는다. 아저씨 얼굴이 돌아간 다음 다시 펴든다. 심사평까지 막 읽으려는 순간 전광판에 눈에 익은 이름이 윗자리로 쑥 올라앉아 깜빡거린다. 결국 내 편을 들어주는 말 한마디 찾지 못하고 시집을 덮었다.

병실 문이 열리고 남편과 함께 블랙홀처럼 병실 안으로 빨려 들어갔다. 나는 보호자이니까 남편이 앉은 환자용 의자 뒤에 정자세로 서서 옆방에서 건너오는 의사의 기척에 안테나를 맞춘다. 내 안테나는 의사의 주파수를 정확하게 찾아내어 등 뒤에 따라오는 후광까지 감지한다. 환자의 이름을 부르는 순간 의사의 이마에 흐르는 기운이 '다 괜찮다'는 말인 것을 알아내고 있었다. 딱 10년 전, 마흔 살, 그해 정초부터 시작해 여름 내내 긴 겨울옷을 입고 지냈던 기억에서 생각이 멈춘다.

"정밀검사 결과 수술을 서둘러야겠습니다. 이후에 일어나는 결과는 아무것도 장담할 수 없습니다."

두 마디 속에 다음에 전개될 모든 사항들이 눈앞으로 지나갔다. 현기증이 일어 의자를 찾아 앉는다는 게 모서리에 걸려 진료실 바닥에 주저앉았다. 그리고 시작된 남편의 투병과 그의 보호자가 되어버린 내 일상은 오만가지 감정과 투쟁의 연속이었다.

감정에 칼날을 세우고 무엇으로부터도 내 영역을 빼앗기지 않으리라고 다잡고 또 다잡던 모습이 사진처럼 보인다. 누구에게도 봐달라고 기도하지 않기로 작정했다. 이미 내게 내린 벌이라면 당당히 맞서 대항하리라 오만을 부렸다. 그러고도 만일 남편을 잃은 여자가 된다면 누구도 아는 사람이 없는 외국으로 이민 가리라는 계획을 했다.

그렇게 오만을 부려도 순간순간 무너지고 다잡곤 하던 일들이 병풍처럼 쫙 펼쳐진다. 그해 봄은 비가 자주 내렸다. 봄비가 추적거리며 내리는 날 병실에서 내려다보이는 88올림픽대로에는 수많은 차들이 쉼 없이 질주하고 있었다. 내 하늘은 금방이라도 무너져 내릴 것 같은데 그중 한 대의 차도 가는 길을 멈추고 나에게 말 걸지 않던 소외감이 얼마나 두려웠던지.

옆 침대의 일흔된 친정아버지를 간호하는 동갑내기 여자와 하룻밤을 같이 보내게 되었을 때 얼마나 부러웠는지. 친정아버지를 간호하는 그 여자가 부럽고 질투 나서 그 밤 내내 깊은 잠을 자지 못했다. 아니 자지 않았다. 동갑내기 여자 앞에서 어떤 결과가 올지도 모르는 남편을 간호하느라 보조의자에서 잠든 초라한 모습을 보이기 싫었다. 그래서 앉아서 밤을 새우던 모습을 생각하면 어쩌면 가당치 않은 고집이 오늘의 나를 있게 하는 힘이었다는 생각이 든다.

입원한 지 32일째 퇴원을 하루 앞두고 병원 나가면 하고 싶은 일 몇 가지를 썼다. 첫 번째 '소주를 달게 마시고 싶다'로 시작해서 열 번째 그중 가장 하고 싶은 일은 '옷을 벗고 자고 싶다'로 끝나고 있었다. 그때 이후 잠자리에서 옷을 벗고 잘 수 있는 상태는 아무것도 더 욕심내지 않아도 좋은 하루였음을 가늠하는 기준이 되었다.

입원 첫날부터 가슴속에서 치밀어 오르는 모든 감정들을 공책 한 권에다 퍼냈다. 일별로 그날 있었던 환자에 대한 모든 일상을 메모하고 내 감정을 정리했다. 33일 만에 퇴원하면서 '포기'라는 제목의 글을 썼다. 어제의 모든 계획이나 바래임은 포기하고 또 포기당하고 새 판을 짜기로 마음을 다잡는 행위였다.

그 공책은 지난 십 년 동안 일상의 경전이 되어 주었다. 어느 순간 파도에 휩쓸리 듯 온갖 욕심으로 뒤뚱거릴 때마다 손에 잡히는 대로 펼쳐서 읽는다. 그러고 나면 거울에 비친 모습이 부끄러워 씩 웃고 만다. '그래, 그때 그랬지.'

5주 입원 후 2주 간격으로 병원진료를 시작해 한 달, 두 달, 세 달, 육 개월, 일 년 간격으로 십년을 내원했다. 이제부터 2년 간격으로 내원하란다. 2년 후 다시 만나자는 주치의 말을 듣고 나오는 길에 '장례식장'이 웅장한 모습으로 있었다. 사실 들어갈 때도 같은 길로 갔지만 애써 장례식장이란 안내문을 못 본 척했다. 그런데 나오는 길에는 여유 있게 '그래 우리가 언젠가 헤어질 곳이 여기다.' 하는 말을 뇌이고 있었다.

그러고 보니 대기실에서 읽었던 '시집'에게 미안하다는 생각이 들었다. 돋보기 쓰지 않고는 잠시만 책을 들여다봐도 침침해져 검은 글자와 흰 종이만 구별된다. 그런데 눈이 이상 가동되었다는 생각이 든다. 시집을 두 번 거푸 읽었지만 오히려 글자는 더 선명하게 읽혀졌고 책장은 더 빠르게 넘어갔다. 하지만 가슴을 붙잡아 줄 단어 하나를 찾아내지 못했다. 마음 위로 받을 만한 한마디 말이 없다고 생각했는데 언어들이 얼마나 힘들게 내 곁에 있어주려고 애썼는지를 알 수 있을 것 같다.

호젓이 그 옆에 오래 머물라고
그가 외로울 때
그 더욱 옆에 꼭 있으라고-

김남조님의 「우편물」이라는 시구가 이제야 떠오른다. 그렇지 두 번씩 겹쳐 읽어도 마음 붙잡아줄 단 한 줄을 보여주지 않았던 것은 옆에 오래 머물라고 더욱 옆에 있으려고 그랬던 것인 것을.

망사보 깔린 책상에 앉아 시집을 왼손에 올려놓고 오른손으로 쓰다듬으며 다시 읽어야겠다. 간간이 강물을 내려다보며.

(20050623109)

색칠하기

'우리 인연에 아름다운 무늬 그려졌다면 예쁜 색 칠하는 새해 됩시다.'

'우리 인연에 아름다운 무늬 그리는데 20여 년 걸렸지. 앞으로 20년은 그 무늬에 고운 색 입히는 세월로 채워보자.'

'아! 오십이 바로 여기네. 살아온 무늬는 진한데… 이젠 무늬에 고운 색 입히는 세월로 채워보자.'

위의 세 가지 문장은 새해맞이 인사로 보낸 전화 메시지 내용이다. 세 가지로 나뉘어져 있지만 토씨만 조금씩 다를 뿐 내용은 같다고 볼 수 있다. 하지만 보낸 대상은 다르다.

첫 번째 문구는 근간에 사귄 친구와 만난 지 10여 년 안팎의 친구들에게 보낸 메시지이다. 두 번째 것은 내용에 '20'이라는 숫자가 암시하듯 20여 년 된 친구들에게 보낸 것이다. 그리고 '아!'로 시작하는 문구는 초등학교 동창생들에게 보낸 것이다.

꿈을 꾸었다. 해운대 동백섬 언저리에 앉아 바다에 드리워진 소나무랑 소나무 뿌리에 흩어지는 파도를 보이는 대로 느낌대로 지면에 가득 스케치 한다. 연필만으로 그려진 그림은 멋지다. 그런데 채색에 들어가면 문제가 생긴다. 나뭇잎색 물감을 붓에 묻히면 잎들을 다 칠하느라 소나무 한 그루도 완성되지 않는다. 잎만 채색하고 바위만 색칠하고 나면 시간이 다 끝난다.

사생대회 그림은 한 번도 완성해본 적이 없다. 그래서인지 가끔 덜 그려진 그림을 들고 안타까워하는 꿈을 꾼다. 꿈에서 깨면 '시간배분에 문제가 있었어'라며 스스로 해답을 얻는다. 살아가는 일에도 시간배분을 생각한다. 50살, 이쯤이면 더 이상 새로운 인연이나 만남보다 이미 만난 인연에다 고운 색을 칠할 때가 되었다는 생각이다. 그래서 앞으로 20년 동안 화두를 '색칠하기'로 잡았다.

언제부터인가 새 친구가 생기지 않는다. 새로운 사람을 만날 기회가 점점 줄어드는 것을 느낀다. 그것은 내 속에서 호기심이 약해지면서 오는 결과이기도 하다. 가보지 않은 모든 길에 대해 호기심으로 쫓아다니다 보면 좋은 친구를 만나기도 하고 가까이 왔다가 멀어져 가기도 한다. 그런데 드는 사람도 나는 사람도 없이 일정 한도로 만나고 있는 사람들이 고정되어 있음을 알게 되었다.

어쩌면 들어오는 사람은 없고 한 사람씩 나가는 사람만 생기고 있다. 주변머리가 모자람에 이유가 있기도 하지만 한 살씩 나이 먹어갈수록 사람을 필요로 하는 부분이 줄어들고 있음에 이유를 붙일까. 그리고 이해의 속은 좁아져 조금 섭섭함도 참아내지 못하고 내 속에서 상대방을 밀어내고 있으니 나가는 사람만 늘어날 수밖에.

『만인보』라는 시집을 재미있게 읽는다. 그 시집에는 한 사람 한 사람이 시의 제목이고 내용이다. 시인이 알고 있는 만 사람을 시로 이야기한다고 했던 말을 어느 구절에선가 읽은 적이 있다. 근간에 제20권을 읽었으니 권당 150명이라고 치더라도 이미 등장한 인물이 3천 명에 이른다. 그러니 시인이 알고 있는 인물이 3천 명이 넘는다는 이야기이다.

한 인물을 압축의 문학이라는 시로 표현해 내려면 직접 알고 있지 않고는 힘들 것이다. 이웃에서 얻어 들었다든지 시중에 떠다니는 소문으로는 시로 표현해 내기 어렵고 설사 할 수 있다고 치더라도 시인의 인격이 용납하지 않을 것이다.

한 사람을 알고 있다는 것은 한 가지 삶의 방식을 알고 있는 것일 수도 있다. 그렇다면 『만인보』의 시인이 가지고 있는 그 많은 삶의 방식을 부러워하지 않을 수 없지 않는가. 내가 만일 『만인보』처럼 수필을 쓴다면 과연 몇 사람이나 다룰 수 있을까. 수필로 표현해낼 만큼 아는 사람이 얼마나 될까 생각하다가 혼자 웃고 만다. 열 손가락도 다 접혀지지 않으니. 하지만 수필로 이야기할 만큼은 아니라도 내 마음 단지 안에 들어있는 이름들은 몇 십 명 되는 듯하다.

연말에 보낸 전화 메시지가 50여 통 된다. 그러니 단지 속에는 오십여 명이 들어앉아 있다고 보면 대강 맞을 것 같다. 몇 천 명에는 비교 되지도 못하지만 사실 오십여 명 중 한 순간이나마 마음을 보태본 사람도 많지 않다. 하지만 어떤 명암으로든 이미 밑그림이 그려진 사이인 것만은 사실이다. 그러니까 앞으로 20여 년 '색칠'해야 할 대상인 것이다.

사람과의 관계가 내 맘대로 되는 게 아닌 것이니 딱히 몇 명이라고 선을 긋기는 어렵다. 사랑은 상대적이라고 하지 않는가. 내가 먼저 손을 내밀고 시간을 마련하면 마다할 사람은 몇 명 되지 않을 것이다. 경제력까지 보태서 앉는 자리마다 밥과 술을 책임질 수 있다면 금상첨화겠지. 하지만 밥과 술이 모자라 싫다면 인연이 아닌 것으로 치부하면 그만이다.

앞으로 20년 동안 색칠하기에 사용할 크레파스 색깔은 '더불어 함께하기'이다. 가장 잘 쓰는 말이 '보고 싶다'였다. 더불어 함께하기는 보고 싶으면 보는 것이다. 그래서 같은 하늘색을 올려다보고 바람을 느끼고 그리고 그림 한 귀퉁이에 색깔을 입혀나가는 것이다. 그렇게 가지가지 색을 칠해 나가면 한 폭의 '인생'이란 그림이 완성되겠지. 유행가 가사는 인생은 그리다 마는 그림이라고 했지만 나름대로 완성본을 꿈꾸는 게 '색칠하기' 화두의 답이다. 그때 나는 일흔 살이 된다.

일흔 살에 이르면 추억을 먹고 산다고 하니까 색칠하기는 다른 말로 노후 양식 만들기이다. 오십여 장으로 만든 퍼즐 그림을 놓고 허연 머리를 맞대고 손가락 짚어가며 웃고 있는 일흔 살 먹은 그날 모습을 상상하면… 간간이 떨어져 나간 퍼즐 조각 때문에 돌아앉아 소매 끝을 끌어당기는. (20050120106)

침대에서 일출을

'침대에서 일출을'은 모텔 건물에 현수막으로 걸린 문구이다. '침대에서 별을' '침대에서 동해를' 한다면 그나마 낭만적이지 않을까. '침대에서 일출을'이 교만과 나태의 극치라는 느낌이 드는 건 혼자만의 감인지 모르겠다. 그 말을 대하는 순간 진창에 한 발이 빠진 것 같았다.

원숭이해를 기념하여 띠 동갑내기 셋이서 일상탈출에 나섰다. 육신은 일상에 묶여 있지만 정신은 제 가고 싶은 데로 날아다녔다. 그런데 모처럼 정신을 따라 육신이 나선 것이다. 자동차 카세트에서는 '사랑도 벗고, 욕심도 벗고 바람 따라 살라하네'라는 가요가 계속 흘러나와 일인분을 보탰다.

5월 속의 강원도 풍광은 연초록 바탕에 신비를 그려 넣은 수채화였다. 비가 오고 무지개가 뜨고, 파도소리에 휩싸여 소용돌이치는 석양이 있었다. 그리고 석양에 발그레해진 친구의 목덜미에서 풍기는 추억 냄새는 20대 풋풋한 젊은 새댁 시절로 돌아가 있었다.

파도가 방문 앞까지 드나드는 민박집을 찾았다. 백사장을 마당으로 두고 방문 하나로 바다와 우리를 갈라놓는 집이다. 셋이 엉덩이를 붙이고 누워야할 만큼 작은 방에서 파도가 처벅처벅 다가오면 귀를 세우고 파도가 차르르 밀려가면 까르르 우리가 대신 떠들며 밤을 보냈다.

채 눈을 붙일까 말까하는데 방문에 붉은 기운이 감돌았다. 방문을 열었다. 누운 자세 그대로 저만치 하늘인지 바다인지 구분도 없는 곳에서 해가 떠오르기 시작했다. '침대에서 일출을'을 맞이했다. 누워서 일출을 맞는 장관은 표현키 어려울 만큼 경이로웠다. 교만이니 나태니 하는 생각은 해본 적도 없었다는 듯 침 삼키는 소리뿐이었다. 누운 자세에서 꿈쩍도 않는 모습을 보며 침대에서 일출은 교만의 극치라고 열변하던 여자 어디 갔냐며 친구는 옆 눈으로 흘겨본다.

그러면서도 해가 한 발만큼 오를 때까지 가로세로 누운 채 일출의 장관에 넋을 잃고 있었다. 이른 아침에 출발해 종일 동해안을 휩쓸고 다녔다. 그리고 밤새워 자지 않았으니 일어날 기운이 없어서 행해진 행동이었다. 그 덕에 누워서 일출을 감상하는 호사를 누렸으니 행복할 수밖에.

36시간의 숨겨진 시간 속을 벗어나면서 친구와 세월을 생각했다. 친구는 많은 것을 이해하지 못해도 한 곳을 같은 시선으로 바라볼 수 있으면 그만이라는 것을 알았다. 그리고 12년 후 다시 원숭이해라는 이유로 여행할 수 있는 시간이 주어지기를 바라본다.

천장에 거울이 있고 감이 부드러운 침대가 아니라도 누워서 일출을 감상한다는 것은 역시 교만한 행동인 것은 사실이었다. 사랑도 벗지 못하고 욕심도 못 버리고 동해 바람만 안고 돌아왔다.

(20040524104)

병 풍

화사한 봄볕이 강 물결에게 간지럼을 태우나 보다. 강물이 자글거리며 웃는 듯하다. 발코니 창부터 온 집안의 문은 다 열어젖혔다. 겨우내 숨어있던 습습한 기운들을 말리기에는 좋은 볕이다.

장롱 위에 길게 누워있는 병풍을 내렸다. 일년 내내 내려앉은 먼지가 소복하게 쌓였다. 병풍의 옷을 벗겼다. 매년 이맘때 한 번씩 내려서 습기를 말리고 먼지를 털곤 하는 게 연중행사인 셈이다. 오늘처럼 습도는 낮고 볕이 두꺼운 날은 병풍을 말리기에 딱 좋다.

여덟 폭 짜리 병풍을 거실 한 쪽 벽에 세웠다. 양쪽 네 폭의 바탕색은 누런빛이 도는 연두색이고 속 네 폭은 처음 색깔대로 연녹색을 그대로 지니고 있다. 매년 바람을 쏘이곤 하면서도 색이 변해 가는지 어떤 내용의 그림으로 짜여져 있는지 관심을 두지 못했다.

그런데 오늘은 다르다. 병풍을 펼치는 순간 바탕에 찍힌 누런색으로 퇴색된 점들이 마치 얼굴 한 쪽에 생긴 노인성반점이라는 저

승꽃처럼 처연하게 눈에 들어왔다. 눈을 가까이 갖다 대고 수놓은 바늘땀을 따라 자세하게 들여다보았다. 그림이 채 눈에 들어오기도 전에 눈앞이 흐려져 제대로 보이질 않는다.

손을 씻고 손끝으로 본다. 한 폭에 놓인 수 땀만 하더라도 수만 땀이다. 색색으로 엮어진 그림들. 자세히 보니 신비롭기까지 하다. 바늘땀으로 연하게 더 연하게 다시 진하게… 손끝에서는 학의 깃이 부드럽게 만져지고 댓잎이 바람에 서걱거리는 소리가 만져진다.

딸이 스무 살에 막 올랐을 때 수틀을 마련해 오던 친정어머니 모습이 선하다. 당신이 시집오기 전 밤새워 수를 놓아봤지만 결혼 후 20여 년 동안 한 번도 수틀을 들지 못했다고 했다. 옛 기억을 더듬어 수를 놓아보겠다며 시작하더니 여덟 폭짜리 병풍을 완성했다.

청솔가지 위에 앉은 학 두 마리가 저 아래에 핀 꽃 칭찬을 하고 있으며 목단화 아래 원앙새 두 마리가 깃을 서로 꼬고 앉아 있다. 그리고 대나무 가지 사이로 푸른 깃을 갖춘 새 두 마리가 푸드득거리며 앞서고 뒤따르며 날고 있기도 하고 매화가 화사하게 핀 바탕위에 꼬리를 화려하게 펼친 공작이 앉아있다.

하나 밖에 없는 딸이 특별한 사람을 만나 그림속의 풍경처럼 살기를 염원하며 한 땀 한 땀 바느질을 하는 모습이 병풍 한가운데 쑥 들어선다. 고만한 남편감을 데려와 결혼하겠다고 우겼다. 그리고 겨우 평범하게 살아가느라고 병풍을 자세히 들여다볼 마음의 여유도 갖지 못하고 20년을 훨씬 넘도록 살아왔다. 그러니 애초

어머니 염원과는 얼마나 멀리 와 있는 오늘의 내 모습인가.

하지만 지금 눈앞을 흐리게 하는 것은 섬섬옥수로 수를 놓던 어머니 손 때문이다. 가는 바늘귀에 색색의 수실을 꿰어 수를 놓던 섬세하던 손은 잠들기 전에는 쉬지 않고 떨고 있다. 몇 년 전부터 지병을 얻어 손을 떨기 시작했는데 연세가 들어갈수록 증세가 조금씩 심해져가고 있다. 어쩌면 옛날 병풍수를 놓던 손으로 돌아가기는 힘들 것이다.

다시 수를 놓아 병풍을 만들 수는 없을 것이다. 딸이라야 하나뿐이니 또 만들 이유는 없지만 혹 아들집에 선물하고 싶다 해도 그만이다. 그러니 이 병풍은 유일무이한 물건인 셈이다. 어머니가 이름난 장인도 아니고 사후 몇 백 년 후에도 이름이 남을 만한 유명인이 아니니 '진품명품'에 나갈 일은 없을 것이다. 하지만 요즘은 무엇이든 대량 생산되는 시절이 아닌가. 사람마저 복제한다는 세상에서 단 하나 밖에 없는 물건이라는 것만으로도 명품이 아닌가.

갑자기 고민이 생겼다. 병풍을 누구에게 전해줄 것인가이다. 며느리만 볼 처지인데 그에게 전할까. 어머니가 정성을 들여 수놓은 모습을 곁에서 지켜본 사람도 이십 년 넘도록 별 의미 없이 장롱 위에 올려 두었다. 그런데 외손자 며느리가 할머니의 손길을 얼마나 느낄 수 있을까. 오히려 거추장스러워 할지도 모른다. 외국으로 공부하러 가겠다는 아들들이니 아예 마다할지도 모르겠다.

그렇다면 싸서 오래가도록 보관할 것이 아니라 한 쪽 벽에 펴

두고 나랑 같이 나이 먹게 할 수밖에. 다음에 어머니가 다니러 오시면 병풍 앞에 나란히 앉아 사진을 찍어야겠다. 그리고 한 폭마다 어떤 염원을 하셨는지 받아 적어둘 참이다. 언젠가 어머니가 떠나고 나 또한 기억이 흐릿한 나이가 되어도 병풍 속에 깃든 어머니의 기도를 잊어버리지 않도록.

병풍 속 난초가 가슴 바닥에 고인 눈물을 퍼 올려 목줄을 옥죈다. 그 선에 흐르는 기품과 은은함을 보면서 다시 수틀 앞에 앉아 있는 어머니를 떠올렸다. 그렇다. 어머니께 두 폭짜리 가리개 수판을 선물 할까보다. 바늘귀를 찾는데도 한참이 걸리고 옛 같지 않은 손놀림에 절망하기도 하겠지.

하지만 국화 한 송이 학 한 마리 완성하고는 행복해 하는 모습을 연상해 보면 좋은 선물이 될 것 같다. 다리 장애자가 산을 오르는 것과 같은 일이 되겠지만 귀가 먼 음악가도 있었고 눈이 먼 화가도 있었지 않은가. 어머니가 떠는 손으로 옛날 솜씨를 발휘해 아주 멋진 병풍을 완성해 내는 모습을 연상하면서 이만큼 나서서 병풍을 바라본다. 목단도 난초, 매화도 모두 웃고 병풍 속 열 여섯 마리 새들이 한꺼번에 날개를 퍼덕이며 날아오른다. 내 품 속으로……. (2003032594)

구월과 내 나이

"머리를 다듬고 나니 새댁이네!"

"새치가 많은데 염색을 안 해서 그렇지 원래 새댁이었어요!"

미장원 안에는 얘기하는 이들 외 나뿐인데 나더러 새댁? 그제서야 나는 회전의자를 돌려 앉으며 "새댁은 무슨 새댁 오십이 내일 모렌데예!"

"아이구 아직 마흔 자 붙었으면 새댁이제, 새댁이구 말구, 나는 아들이 둘 다 대학생이라기에…."

뒷말은 별 영양가 없는 말인지 말꼬리를 끊어 버린다. 머리에 염색약을 잔뜩 바르고 비닐 모자를 쓴 일흔이 넘어 보이는 할머니 눈에는 마흔 자 나이는 새댁으로 보인다는 거였다. 손거울을 들어 뒷머리 태를 비추어 본다. 뒷머리가 모양새는 단아한데 색깔은 희끗희끗하다. 새댁같이 조신한 걸음걸이로 미장원 문을 나섰다.

새댁, 새댁, 새댁… 주문 외우듯 입속에서 그 단어가 뱅뱅 돌며 떠나질 않았다. 오랜만에 들어본 말이기도 했지만 나하고는 상관이 없는 낱말이라고 접었던 때문일까. 장롱 깊숙이에서 넣어둔 줄도 몰랐던 비상금 봉투를 찾아낸 것 같은 그런 이상한 흥분이 가슴을 흔들었다.

지하도에 내려서는데 항상 그 자리에 있던 꽃집이 길을 막아서는 듯 눈 안 가득 들어왔다. 여러 가지 색의 국화꽃들이 한 아름 담겨 있는 화병가로 다가섰다. 무릎을 구부려 코를 갖다 댄다. 꽃다발의 색깔이나 양에 비해 향이 없다. 쌉싸래한 달콤함의 국화 특유의 향을 지니지 못했다. 다시 얼굴을 더 가깝게 갖다 대봐도 왠지 맹하다.

"아직 구월 초순이잖아요, 국화가 아직 일러서 제 향을 못 내내요, 색은 키워내는데 향은 역시 제 철이 되어야 여물려나 봐요. 값도 비싸구."

향내를 찾는 내 모습이 딱해보였는지 꽃가게 아주머니가 설명을 곁들인다.

노랑 소국 한 다발을 들어올렸다. 따라 들어 올려진 건 달랑 여남은 송이 밖에 안 된다. 자주색 한 다발을 더 보태본다. 그래도 한 주먹이 안 된다. 세 다발을 안아 봐도 반 가슴에도 안찬다. 그 꽃 모두 서너 다발인가 했더니 서른 다발로 나누어 둔 것 같았다. 꽃 욕심을 내는 모습이 염려스러웠던지 꽃집 아주머니가 만류하고 나섰다. 아직 철이 일러서 비싸다며 꼭 선물할 게 아니면 여기서 실컷 보고 다음에 사라며 작게 웃는다. 얼마인지 묻지도 않고 들었던 꽃묶음들을 살며시 도로 꽂으며 따라 웃었다. 향이 덜하다고 핀잔을 주었던 국화에게 미안해서 돌아보고 또 돌아보며 지하도에서 빠져 나왔다. 상큼하게 다듬은 머리 매무새며 새댁 기분에 가을 첫 꽃까지 준비했다면….

두어 시간 전 남편한테서 온 전화에서 '돌이래'라는 말을 듣는 순간 수화기를 던지고 집을 나섰다. 갑자기 할 일이 생기고 바빠지며 딱 멈추었던 시계가 새 건전지 끼워 '째깍' 하고 움직이기 시작하는 그런 기분이었다. 이십여 일 동안 생각을 얼음통 속에다 넣고 꽁꽁 얼게 했던 남편의 내장 속 정체모를 까만 반점이 '돌'로 판명된 순간이었다. 내 마음을 표현하기엔 꽃집에 있던 국화 전부를 옮겨와 집안 구석구석에다 꽂아두고 싶은 마음이다. 온 집안은 꽃밭이 되고 꽃향기로 가득 차고 나는 새댁이 되어 사뿐사뿐 거리며….

집안에 들어서니 꽃밭은커녕 난리가 지난 간 것 같다. 집을 나설 때는 아무렇지도 않았던 집안 분위기였는데 그동안 난장판이 됐을까. 누가 다녀가거나 손댄 사람도 없고 나만 나갔다가 혼자 돌아 왔는데. 거실에 깔렸던 대나무 돗자리는 둘둘 말려서 발코니 나가는 문 쪽에 가로 누워있다. 선풍기도 코드가 꽂힌 체 저만치 줄이 당겨져 억지로 목을 맨 듯 밀려 있고 안방엔 홑이불이 개켜졌다가 관심 없이 밟힌 모양대로 방구석에 밀쳐져 있는 게 아닌가. 사용하기에는 차가운 감이 있고, 아직 챙겨서 넣기는 아쉬운 여름이 그런 모양새로 집안에 널브러져 있다.

맛은 연하게 향은 진하게 커피 한 잔을 끓였다. 여름의 잔재와 향 없는 국화와 짧게 자른 내 머리와 '새댁'을 어울려 퍼즐 맞추기를 한다. 이리 맞추고 저리 맞추고 커피가 식는 것도 잊은 채 머리를 굴리다가 딱 맞춰진 것은 '구월과 내 나이'라는 구절이었다. 맞아, 맞아, 딱이야. 혼자 탁자를 치다가 식은 커피를 단숨에 마셨다.

마흔일곱. 만으로 마흔 여섯. 주민등록상으론 마흔다섯, 주민등록상을 만으로 따지면 마흔넷. 여식이라고 동생이 태어나고서야 호적정리를 하면서 2년 늦은 출생일로 등재해 주신 할아버지 덕분에 네 가지 나이를 갖게 되었다. 그러나 아무리 억지를 부려 보아도 마흔 중반에 턱 걸쳐 있기는 매한가지다. 팔월 같은 정열과 열정이 있노라고 외쳐도 이미 팔월은 저만치 물러앉은 느낌이다.

하지만 나이를 아래에서부터 헤아리라는 법은 없지 않는가. 아흔부터 헤아려 내려오면 '새댁'이 아니던가. 곁에서 누가 그것 아니라고 우기는 이도 없는데 혼자 중얼거려본다. 내 속에는 팔월에 데워진 열정이 어수선하게 자리하고 있다. 장맛비 끝에 후줄근해진 채 말려지지 않은 꿈도 있고 팔월 햇빛에 굽다만 허영심도 겉만 그슬리고 속에는 열기도 닿지 않은 채로 있다. 그래도 팔월이기를 포기하자. 팔월의 뜨거운 태양빛, 무시무시한 태풍 '루사'도 짙푸른 녹음도 지겹지 않는가. 그래 인생의 팔월은 다 갔어. 아니 내가 보내 버린 거야. 이제 편안해지고 싶어서 그가 간 게 아니고 내가 보내 버린 거라구.

구월이다. 나는 구월에 섰다. 회전을 멈춘 선풍기와 말린 채 천덕꾸러기처럼 정리되지 않은 대나무 돗자리가 거실 저만치 같이 있어도 그게 그만인 구월. 한낮의 햇빛은 곡식을 익히느라 따끈따끈하고 풀벌레 소리가 실바람과 함께 머리맡에 앉는 밤. 그래서 보내는 여름과 오는 가을이 뒤섞여 있는 완충지대 같은 것.

그런데 이제 새로 심을 씨앗은 없단다. 못 쓰게 된 벼는 대체 작물이 마땅히 없고 상처 입은 과일도 회복하기 힘들며, 새로 열매 맺을 시간도 마땅치 않다고 한다. 겨울을 보내고 내년 봄에 거두는 겨울 작물도 있지만 인생이 계절처럼 겨울 지나 봄이 오는 건가. 계절이야 오고 또 오지마는 삶은 그게 아니지 않는가. 구월 같은 나이라고 흥분했는데 왠지 허전한 느낌이 든다.

그래도 구월 같은 지금 나이가 좋다. 여리지 않아 쉽게 다치지 않아서 좋고 뜨거움이 조금 식어 어지럽지 않아서 좋다. 나는 팔월까지 '정조'의 나이라고 믿는다. 그러니 '정조'를 버리겠다고 벼려봤지만 유효기간은 지났다. 하지만 '정절'이 남았지 않는가. '정조'보다 더 질긴 '정절'을 버릴 일이 남아 있어서 좋다. 아직은 거둘게 없지만 구월 볕에 익어가고 있는 무언가가 있을 거란 희망을 남겨 놓아서 더 좋다. 색깔은 곱지만 향이 익지 않은 구월 같은 나의 오늘이 더 여물게 해야 할 향이 있어서 좋다.

내 나이도 구월 따라서 더해가고 풍성한 계절 지나 짙은 가을 속에 이르겠지. 짙은 가을 십일월엔 은색의 억새꽃이 화려하지 않는가. 더 심을 게 없는 구월이라지만 나는 억새의 은빛 꽃을 위해 햇빛과 바람을 진하게 호흡하리라.

『새들은 페루에 가서 죽다』라는 책 속에 '마흔일곱이란 알아야 할 것은 모두 알아버린 나이'라는 말이 나온다. 무엇을 아는지 알아야 하는지조차 감이 잡히지 않지만 나는 마흔일곱 살이다. 그러니 그 작가 말 믿어서 알아야 할 것은 다 안다고 치자. 그래 그러자.

(2002090988)

군자란

군자란 화분에 꽃이 활짝 피었다.

아침 햇살을 받아 꽃빛깔이 베란다 가득 번져서 집안이 온통 주황색이다. 엊저녁에 꽃의 화사한 모습을 외면하기 어려워 거실의 베란다 쪽 커튼을 화분이 보일 만큼 열어 두었기에 눈만 비비고 나서면 꽃이 기다린다. 간밤에 잠을 뒤척여도 악몽에 토끼잠을 잤더라도 거실에 나서면 가슴이 환해진다.

잠자는 몇 시간이지만 그동안 이상이 없었는지 새벽마다 화분부터 들여다보는 게 하루 일과의 시작이 되었다. 벌써 한 달여 되어간다. 어제보다 몇 송이가 더 피었다. 옆구리에 봉오리로 있던 꽃송이가 밤새 체력을 키웠는지 자랑스럽게 암술과 수술을 쫙 펴고 나란히 섰다. 반갑다.

가끔 물이나 한 바가지 부어준 것 외에 겨울 내내 한 번도 실내에 들여놓지 않고 추우면 추운 대로 견뎌보라는 듯 내버려 두었다. 영하 십 몇 도라며 며칠 강추위가 지나간 뒤에는 잎사귀들이

축축 처진 게 얼어서 회생하기 힘든 건 아닌가 할 정도로 시들시들 했다. 그때도 매정하게 살려면 살고 아니면 포기하라는 듯 별다른 관심을 두지 않았다. 메말라가는 내 감성대로 방치한 것이다.

그런데 2월에 들면서 힘없는 잎사귀 사이에서 꽃대 하나가 허연 꽃봉오리를 이고 비실거리며 올라오는 게 보였다. 그 모습이 기아 상태의 만삭인 여인을 연상케 했다. 마지막 체력을 다해 종족 번식의 책임을 다하겠다는 처절함을 뚝뚝 흘리고 있었다. 식물도 환경이 불리할수록 꽃피우기를 더 열심히 한다나. 그렇게 끈질기게 살아남으려는 모습이 오히려 짜증스러움을 자아내게 했다.

하지만 식물이지만 새 생명을 잉태한지라 모르는 척할 수가 없었다. 달리 보살펴 주는 법도 모르고 적당한 거름도 없기에 마시고 난 우유팩 헹군 물을 부어 주었다. 그런데 자고 나니 꽃대가 우뚝 선 게 힘이 있고 꽃잎 색깔도 달라 보였다. 몇 번 우유팩을 씻어 부어준 물을 먹더니 군자란은 완전히 딴 모습으로 변했다. 마른 젖을 빨던 아기가 퉁퉁 불은 엄마 젖을 배가 빵빵해지도록 빨고 난 모습처럼 꽃잎이 토실토실해졌다.

힘에 부쳐 못 올라오고 낑낑대고 있었는지 양쪽으로 같은 키로 두 개의 꽃대가 더 올라오고 옆 화분에서도 꽃대가 올라왔다. 꽃대 하나에 열여덟 개 내지 스무 개쯤의 꽃송이를 이고 있다. 깔때기 모양의 꽃봉오리는 노오란 속을 지니고 꽃잎은 짙은 주황색인데 꽃송이 안을 들여다보니 암술이 여섯 개 수술 한 개가 들어있다. 한 송이가 여섯 갈래 꽃잎으로 생긴 것과 암술 여섯 개가 무관하지만은 않는 것 같다. 암술과 꽃잎 모양을 보면서 하나의 수술이 여섯 개의 암술을 거느리고 여섯 개의 꽃잎 방에서 군림하고 있는 것처럼 보였다. 일부다처제 같은 거.

군자란은 난이라고 이름 지어져 있지만 까다롭지가 않다. 잎을 다듬어 주지 않아도 되고 웬만한 온도 변화에도 파르르 떨지 않는다. 물도 보름 간격으로 주어도 덤덤하다. 그의 이름 때문인지 잎사귀는 무뚝뚝하게 생겼다. 일자로 쭉쭉 뻗은 게 난이라고 하기엔 그 휘어짐이 덜하고, 잎사귀 표면에 드러난 잎맥의 억센 무늬가 건장한 남성의 근육 같은 모습이다.

2월 중순부터 꽃이 피기 시작하더니 3월 중순 속에서도 한창이다. 한 분에 난 세 꽃대는 우리 집 같은 성씨를 가진 세 남자의 꽃이라고 명명한다. 화분이 터질듯 비좁도록 피었는데도 싱싱하고 힘 차 보이는 게 세 남자를 닮았다. 한 다발마다 누구의 꽃이라고 이름을 지어 주고 싶어서 들여다보다가 빙긋이 웃고 그만 두기로 한다.

유독 색깔이 진하고 실해 보이는 다발을 남편 꽃으로 하자니 수험생 큰아이에게 힘을 실어 주고 싶다. 하지만 늘 건강이 걱정인 남편도 제일 건강한 꽃으로 주고 싶고 그러자니 올해 고등학생이 되어 적응하느라 애쓰는 작은아이가 걸린다. 아예 각자 이름을 짓지 말고 세 다발 같이 묶어서 남자들 꽃으로 했다.

그리고 옆 화분에 따로 난 꽃대에 핀 꽃송이는 나를 그대로 닮았다. 왜소해서 가냘퍼 보이고 똑같이 물을 주었는데도 왠지 영양이 모자란 듯하다. 그래서인지 외로워 보이는 게 목을 쭉 빼고 옆 화분을 바라보고 있는 모습은 마음을 그대로 표현하고 있다.

아침저녁 군자란과 눈을 맞출 때마다 기도하는 마음이다. 지난 겨울 내내 화분을 자생에 맡겨 두었듯이 어쩌면 우리 아이들에게도 제 힘대로 자라도록 미련스럽게 내몬 건 아니었는지 되짚어 보게 된다. 별것 아니지만 먹다 남은 우유 물을 마시고도 저렇게 다른 모습으로 꽃 피우는 것을 보면서 정성의 힘을 생각해 본다.

그렇다면 아이들에게도 나만이 줄 수 있는 영양분이 있을 것이다. 크고 대단하지는 않지만 엄마만이 줄 수 있는 정성 같은 것 말이다. 저 꽃처럼 저들이 피우고 싶은 꽃을 피우는데 필요한 영양이 되어줄 수 있는가를 찾아볼 일이다. 그래서 작은 정성이 인생을 시작하려고 일어서는 길목에서 지팡이가 될 수 있기를 바래본다.

군자란 꽃이 주는 행복함이 이만 저만이 아니다. 그렇지만 오늘도 우유통 씻은 물만 준다. 그에게서 받는 기쁨을 생각하면 한 통을 다 부어주고 싶지만 '사랑의 결핍 때문에 죽는 아이보다 사랑에 빠져 죽는 아이가 많다.'는 오래전에 읽었던 문구가 떠올라서 이다. 군자란은 요즘 나의 스승이며 친구이고 또 다른 아이이다.

네 개의 꽃대에서 활짝 핀 꽃다발이 우리 집 구석구석에 숨어 있는 겨울 그늘을 다 몰아내 주고 있다. 그런데 나며들며 화분을 들여다보고 '너 참 곱다'라고 중얼거리다 보니 어느새 꽃들도 화답하 듯 고개를 시선 각도에 맞추고 있다. 아직도 싱싱한 모습이 시들 기미는 없다. 한 두어 달 있어 주었으면 하고 욕심을 부려본다.

산에 들에 필 꽃들은 이제사 일어나려고 기지개를 켤 시기인지라 군자란의 희소가치가 더한 것 같다. 주황색은 행운의 색이라고 한다. 진주황색에서 나는 꽃 빛에서 젖내가 나는 듯 탐스럽다. 올 일 년 동안 우리집에 따뜻한 분위기가 충만할 것 같은 예감을 갖게 해주어 더욱 고맙다. 군자란의 힘차고 멋진 모습이 초봄 내내 집안 가득하니 분명 행운이 있으리라. (1999031568)

수국 한 송이

열한 살 봄이었다. 학교를 마치고 돌아와 대문 문턱을 폴짝 뛰어 넘었다. "학교 다녀왔습니다." 하고 외치는 순간 눈이 딱 멈추는 곳이 있었다. 말끔히 정돈된 댓돌 위에 놓인 하얀 고무신 한 켤레였다. 봄볕이 마당 가득 하얗게 부서지고 있었고 그래서인지 처연할 정도로 하얀 신발 한 켤레를 보면서 아이는 억장이 무너지고 있었다.

언제부터인가 부모님 방에 도시에서 온 편지가 있었고 가다오다 두 분이 나누는 이야기 속에서 무엇인가를 준비한다는 생각이 들기는 했었다. 내 주변에 변화가 다가오고 있음을 감지했을까.

부모님은 조부모 곁에 나를 남겨두고 남동생들만 데리고 도회지로 이사를 간 것이었다. 유난히 마룻바닥이 반짝거린다는 생각을 하면서 부모님 방문을 열었을 때 빈방에서는 공허한 냄새만 훅 끼쳐왔다. 그때 가슴속에는 이름 지을 수 없는 색깔과 냉기를 내뿜는 구름 같은 것이 뭉쳐지고 있었다.

열여덟, 열여섯 된 두 아들을 데리고 남편과 고향을 찾았다. 모처럼 일주일 이상 아이들과 같이 보낼 수 있는 시간을 마련했기에 서해안을 거쳐 거제도에까지 이른 것이다. 바다, 성(城), 대문 집, 감나무 등 노래처럼 읊어대던 그곳을 아이들에게 보여주고 싶기도 하고 요즘더러 부쩍 그리워진 마음에 여행 코스로 잡았다. 늘 꿈처럼 시처럼 노래하던 어릴 적 고향을 무슨 보배나 나눠주는 듯 으쓱대는 기분이었다. 마음속에서는 보여줄 것들이 얼마나 많은지 자랑할 것들도. 그리고 처음으로 찾는 아이들에게 너희가 어쩌니 해도 나만이 간직한 아주 특별한 고향이 있다고 우쭐대는 마음이었다.

그런데 '대문 집'이라고 불리던 대문 앞에서 마음이 쪼그라들기 시작했다. 큰 대문은 볼품없이 작고 몇 걸음에 뛰어 넘던 이중 문턱간의 거리도 한 걸음 거리다. 대문에서 망망하게 보이던 마당이었는데 서너 발짝 떼어놓으니 마루 끝에 선다.

마루에 살그머니 앉아보았다. 친구들 십여 명이 나란히 앉아서 '묵찌빠'를 하던 곳이었는데 나 혼자 앉아도 반쯤이나 찬다. 한 마디 말도 없이 이사 간 엄마가 보고 싶어서 밤이면 모로 누워 울면서 벽지 무늬를 헤아리고 또 헤아리던 방이 너무 커서 더 허하던 큰방 방문이 장난감처럼 작다. 팔월 이맘때면 짙푸른 담쟁이가 둘러 싸였고 무겁도록 호박이 많이 열리던 담벼락도 들쭉날쭉하다.

곧 허물어질 듯 힘없는 담 너머로 보이는 옛 성은 여느 집 담

벽보다 낮아진 모습이다. 저 성 위에서 소꿉장난을 하면서 맑은 날은 대마도가 보인다며 우기곤 했는데. 성 아래 공터는 놀이터였지. 달 밝은 밤에 기차놀이한다고 어깨를 잡고 소리치며 뱅뱅이를 돌면 성 위에 살던 친구 아버지는 시끄럽다고 오줌통을 들고 성 위에서 올라서서 바가지로 퍼붓곤 했었는데. 해 질 무렵이면 이 담 너머로 나를 부르던 할머니가 계셨고 그때마다 친구들이 다 헤어져 갈 때까지 놀아보는 게 소원이라고 중얼거리곤 하던 모습이 떠올랐다.

감나무 아래 장독대에는 할머니가 쓰시던 수십여 년 된 서너 개의 큰 독이 있다. 가만히 손바닥으로 쓸어본다. 까칠까칠하면서 따스한 느낌에 두 손바닥으로 감싸본다. 할머니 손을 잡은 듯 기분을 무어라 설명할 수 없어 목 넘어 오는 울먹임을 꿀꺽 삼킨다.

뒤란을 돌아 나오는데 하얀 회백색 외벽에 조그맣게 연필로 그린 공주 그림이 아직도 희미하게 남아 있다. 그 자국을 보면서 또래에 비해 키가 작았지만 아무도 모르게 가슴속에 온갖 모양의 구름을 그리느라고 생각이 많던 아이가 내 곁에 선다. 공주가 되고 싶었는지 방 벽에도 외벽에도 똑 같은 공주 그림을 수도 없이 그렸었는데….

오래전에 주인이 떠난 집은 낡을 대로 낡았고 주저앉았는지 마루 위 서까래가 큰아이 머리에 닿을 듯하다. 우물은 메워졌고 우물가에 있던 큰 수국 꽃의 늙은 줄기만이 달랑 한 송이를 달고 있다. 큰 바구니만한 꽃송이가 여름 내내 뒤란 가득 피었었다고 아이들에게 설명하다가 멀뚱히 서 있기만 한 그들의 눈과 마주쳤다.

이것저것 이랬느니 저랬느니 바쁘게 설명하는 나를 쳐다보며 아이들은 아무것도 모르겠다는 듯 아무것에도 관심 없는 눈빛이다. 하긴 내가 보아도 이상하긴 하다. 그렇게 크고 넓게만 보이던 집과 마당이며 아름답고 아픈 그림들로 새겨져 있던 곳이 아니던가. 그런데 내 눈에도 이토록 작고 초라하게 보이니 애정마저도 없는 눈에야 더 이상 무엇을 설명할 것이 있을까. 나 이외의 관찰자들에게 관심을 끌어내려고 애쓸 필요가 없음을 알아낸 것이다.

한 켤레 신발마저도 놓여 있지 않는 댓돌을 뒤에 남겨두고 나올 때는 삼십여 년 전 열한 살 봄이 다시 치밀었다. 가슴 밑바닥부터 찬 기운이 천천히 올라오면서 턱에까지 닿는 순간 가슴 전부가 딱 얼어붙는 느낌이었다. 이제 내가 지니고 있는 고향 이야기는 가슴 저 밑바닥에 가라 앉혀야겠다. 보고 싶을 때 혼자 살짝 꺼내 보고는 도로 넣을 수밖에 없다. 이미 고향도 옛 모습이 아니고 나 또한 천장의 사방 무늬를 헤아리며 엄마를 그리던 어린이가 아니다. 장정이 된 아들을 거느리고 찾았던 고향이 아니던가.

삼십 년이란 시간은 무척 길고도 짧았다. 많은 것이 변한 것 같았지만 가만히 생각하면 아무것도 변한 것이 없다. 변한 것은 나뿐이었다. 내가 그린 공주 그림은 아직 예쁜 공주로 있는데 공주를 꿈꾸며 늘 구름을 타고 다니던 마음은 젖은 짚단처럼 후줄근해졌으니.

시간이 변화시킬 수 있는 것은 인간뿐이라는 생각을 해본다.

그 동네를 두고 나오면서 가족 중 누구도 고향집과 고향 마을에 대해서 말이 없었다. 비난도 실망했다는 말도 그리고 아름답다는 말도 없었다. 가족들에게는 지나는 길에 차창 밖으로 보이는 여느 농가에 불과한 것일까. 누구도 공유할 수 없는 것이 추억이라 했던가. 나와 같은 기분으로 흥분하고 반가워하기를 바란 마음이 순진하게만 느껴진다. 들떠서 으쓱거렸던 마음이 들키지나 않았나 싶어 싱거운 웃음만 나올 뿐이다.

뒤란의 수국 꽃 한 송이가 내내 마음에 남는다. 어쩌면 나를 기다리고 있었는지도 몰라. 삼십 년이 넘도록 꽃을 피울 수 있었던 것은 그리움의 힘이었을까. (1998083062)

소주 첫 잔

코끝에 살며시 갖다 댄다. 씁쓰레한 것 같으면서 살짝 단내가 지나간다. 액체가 혀끝에 닿는 순간 쓴맛이 확 덮쳐 온다. 한 모금을 입 속에서 굴려 천천히 삼킨다. 영화에서 보았던 다이너마이트 점화선 타 들어가는 장면 같이 목구멍부터 식도를 따라 찌르르 하며 위장을 향해 내려가는 모습이 보이는 듯하다. 증류수가 1차 목적지 위장에 도착될 쯤 손에 들었던 잔을 내려놓는다. 입안에 단맛과 박하 향이 가득하다.

마음이 따뜻한 친구와 마주 앉았다. 두부를 듬성듬성 썰어 얹어 끓인 김치찌개 냄비를 가운데 두고 소주 한 잔씩을 부었다. 시큼한 김치찌개 냄새에 시장기가 돌아 위장에서 꼬르륵 소리가 날 때 '진달래(진실하고 달콤한 내일을 위하여)' 하고 부딪힌 소주 한 잔을 마신다.

"야! 맛있다." 소주 첫 잔을 마실 때마다 저절로 감탄사가 나온다. 아직은 어떤 음식을 먹어도 첫 술에 이런 감탄사를 낼만한 음식을 먹어본 적이 별로 없다. 씁쓰레하면서 입안에 남는 개운한 단맛, 그리고 입술부터 발끝까지 통증이 갔다가는 다시 천천히 걷히면서 육신 속의 불순물이 분해되는 것 같은 느낌이다. 이런 순간에는 무어라 표현할 수 없는 신선함을 느낀다.

내가 기억하는 최초의 술맛은 네다섯 살 때 먹어본 동동주다. 애주가였던 할아버지는 아침 반주를 거르는 날이 없었고, 마시고 난 술잔 밑바닥에 남은 한 모금을 '머리가 좋아진다'며 나에게 먹이셨다.

그때는 일반 가정에서 술을 담가 먹기 힘들었다. 세무서에서 술 단속을 나온다는 소문이 돌면 나뭇단 속에 누룩을 감추고 안청 마룻바닥을 두어 장 들어내고 마루 밑에 술독을 들여앉혔다. 평소에는 전혀 표시 나지 않는 마룻바닥이었는데 할아버지는 기술 좋게도 마루 널을 들어내고 술을 뜨셨다. 그때마다 캄캄하고 끝없이 깊어 보이던 안청 마루 밑이 궁금해서 술 뜨는 할아버지 곁에 서 있던 내 모습이 생각난다.

그리고 얼큰하게 취한 할아버지는 다섯 살배기 계집아이를 무릎을 꿇게 하고는 '내 성이 뭐냐 본과 파, 시조는 누구냐?'며 족보 내력을 당신이 잠드실 때까지 외우게 하였다. 그럴 때마다 얼마나 힘들던지 나는 취하도록 마시지 않을 것이며, 술 먹는 남자한테는 절대로 시집 안 갈 거라고 다짐을 하곤 했다. 아직까지는 한 잔의 술을 맛있게 마시지만 집밖에서 취하도록 마셔 본 적은 없다. 남편 또한 술 두드러기가 일어나는 체질의 소유자이기도 하다.

초등학생 시절에는 술 담그기 위해서 찌는 고두밥이 간식이었다. 쌀밥이 특식이던 시절이었으니 꼭꼭 씹으면 단맛이 나던 고두밥은 특별한 간식이었던 기억이 있다. 하얀 고두밥을 바가지 가득 퍼 담아서는 며칠을 먹고 다 먹을 때쯤이면 또 고두밥을 찌곤 했다.

안방 아랫목은 이불을 둘둘 말은 술독 차지였다. 술이 보골보골하면서 익기 시작하면 술 익는 냄새가 방안 가득 했다. 그럴 때쯤 덮어 둔 이불을 살짝 들추고 손가락으로 꼭 찍어 먹었을 때 그 맛이 무슨 맛이었을까. 알싸하고 달짝지근하면서 혀끝이 아릿하던 그 맛. 지금 기억을 떠올려 봐도 딱 '이 맛이다'라는 것을 찾아내지 못하겠다.

일정한 기간이 지나 술이 다 익을 때쯤이면 술독은 밖으로 옮겨지고 고운 체에 밭쳐 술을 걸렀다. 찬물을 부어가며 술의 농도를 보기 위해 떠 마셔가며 거르는 것이다. 초등학교 4, 5학년이었는데도 내가 걸렀던 술맛은 괜찮았던 것 같다. 늘 그 술맛 참 좋다는 소리를 들었던 것을 생각해 보면 다섯 살 때부터 익혀온 술맛에 대한 감각 덕이었을까. 가끔 그때를 떠올릴 때마다 전생에 주모였을까 생각하면서 웃는다.

스무 살이 넘어서부터 친정아버지랑 막걸리를 마신다. 친정에 갔을 때나 아버님이 우리 집에 다니러 오셨을 때도 마찬가지다. 아버님은 외출에서 돌아오실 때는 막걸리 한 병과 두부 한 모를 사들고 오신다. 그러고는 아버님 한 잔 나 한 잔 주거니 받거니 하면서 이런 저런 이야기를 나눈다. 친정아버지가 권하는 막걸리 맛에는 아버지 살아오신 인생 냄새가 들어 있어서 더 향기롭다. 부녀끼리 대작하는 모습을 곁에서 보는 어머니나 남편은 '참 희한하다'며 늘 같은 말을 하면서도 부러워하는 눈치다.

고등학생인 아들이 유난히 피곤해 보이는 날 나는 캔 맥주 한 개를 딴다. 유리잔에 한 잔씩 부어 아이한테 권하며 둘이 눈을 들여다보며 마신다. 아들은 아무것도 말하지 않고 나 또한 물어보지 않는다. 하지만 아이가 힘들어하는 일과 내가 안타까워하는 마음이 맥주 잔 속에서 같이 어우러지면서 편안해지는 눈빛을 읽는다.

할아버지에게서 동동주 맛과 가정교육을 배웠고, 친정아버지로부터 막걸리와 인생을 듣는다. 그렇듯이 지금 내 아들에게는 '참는 법'을 맥주 잔 속에 담아 건넨다. 아들이 청소년기를 벗어나 성인이 되어 인생과 삶의 무게를 알게 될 때 소주 한 잔을 권하리라.

아들과 소주잔을 놓고 마주 앉은 모습을 떠올려본다. 그때쯤 사랑의 열병을 앓고 있다면 첫사랑 이야기를 해주어야지. 그리고 시행착오를 거듭하면서 살아온 지난날들을 틀어놓으며 같은 전철을 밟지 않기를 바라는 마음으로 넋두리를 풀어놓을지도 모르겠다.

소주의 쓴맛을 달게 마실 수 있을 때 인생을 안다 했는데 그것은 소주 맛보다 더 쓴 인생의 맛을 본 탓이리라. 이제 삶의 마디마디를 넘어 오면서 소주를 달게 마실 수 있는 곳까지 왔나보다.

소주는 비슷한 높이의 인생 고개를 넘고 있는 친구와 마실 때 술술 잘 넘어간다. 아무런 설명 없이도 같이 앉아 소주 한 잔을 달게 마실 수 있는 친구가 있어서 소주 첫 잔은 더 달다.

(1998061859)

수필을 읽으면 수필이 떠오른다

매월 초순이면 월간 『수필문학』이 찾아온다. 얇은 화장을 한 듯 청순한 표정의 겉표지와 두껍지도 경망스럽게 얇지도 않는 몸체를 하고 새로운 달에 넘어서면 어김없이 도착된다.

책을 받으면 반가움에 주르륵 넘겨본다. 그리고 '차례' 페이지에 아는 이름이 있는지 한 번이라도 만난 적이 있는 문우의 글이 있는지 확인하고는 연재 수필을 읽는다. 지난달 내용 이후가 궁금해서이다. 초회추천, 추천완료 작품과 '특별기획'란을 읽고는 장소가 옮겨진다.

화장실 책 바구니다. 책 바구니에는 줄에 매달린 볼펜과 책갈피 끼우개, 시집 한 권과 함께 수필집이 담기게 된다. 나를 찾은 수필문학지는 미안하게도 이십여 일 동안 화장실에서 사는 셈이다. 그렇지만 우리 가족 모두가 아주 진지한 시간에 읽어 주기에 특별한 사랑을 받는다고 위안을 할까.

장소가 장소이니 만큼 거의 날마다 두 편 정도의 작품을 정독하게 된다. 수록 작품에서 비슷한 정서를 만나면 그렇게 반가울 수가 없다. 한걸음에 달려가 작품의 임자를 만나고 싶은 충동이 생긴다. 그럴 때마다 느끼는 것은 외롭지도 고독하지도 않다는 안도감이다. 어디선가 같은 색깔을 지닌 가슴이 있다고 생각하면 그렇게 반갑고 위안이 될 수가 없다. 세상의 아름다움과 아픔까지도 비슷한 감정으로 바라볼 것 같아서 이다.

또 다른 생각의 글을 만나면 글쓴이가 궁금하다. 그의 모습도 그렇고 다를 수밖에 없는 이유를 듣고 싶어서 마음이 소용돌이친다. 당장 만나서 작품에 대해 토론이라도 하고 작품의 배경 설명을 들어 이해하고 넘어가고 싶다. 그리고는 실컷 실랑이를 한 후엔 관심은 곧 사랑이라는 말을 하며 손을 잡고 싶다.

그리고 살아온 지난 일들을 담담하게 들려주는 어른들의 작품을 만나면 어린애 같아져서 좋다. 굽이굽이 거친 세월을 지나 이제는 인생의 고개 마루에 서서 앞으로 가야 할 길을 요리조리 안내해 주는 이야기들을 읽고 있으면 이십여 년 후의 내 모습도 저러하리라는 생각도 하게 된다.

그런데 같은 정서를 만나든 다른 사고를 만나든 우선 만나고 싶다는 욕심은 같다. 수필문학에는 작품 제목과 글쓴이의 이름만 있기에 다행이라는 생각을 자주 한다. 이름 옆에 주소라든지 전화번호가 있다면 당장 '보고 싶다'로 시작하는 편지를 여러 통 띄워 보냈을 것이다. 어떤 모습으로든 상대방의 감정을 건드렸을 텐데 혼자 좋아하고 흥분하다가 가라앉힘으로써 한 겹씩 내 감정에 소담스런 영양분으로 남는다. 그리고 인상에 남는 작품을 만나면 맨 뒷장 여백에다 쪽수와 작가 명을 적어 둔다. 다시 읽고 싶을 때 언제든지 쉽게 찾아 읽을 수 있도록 하기 위해서이다.

나는 한 권의 『수필문학』을 세 번쯤 읽는다. 처음은 학습하는 마음으로 읽고 두 번째는 작가들에게 보내는 예의로 읽고 그 다음은 좋아하는 향기를 찾아 읽게 된다. 뒷장에 메모된 작품은 한 번 더 읽는 것이다. 그리고 수필문학을 꼼꼼히 읽는 것은 표절 아닌 표절 작품을 쓰지 않기 위해서이기도 하다. 나 혼자 고이 감추어 둔 감정이라고 생각했는데 비슷한 모습으로 이미 작품화되어 나온 것을 여러 번 발견했다. 아무리 좋은 주제의 작품이라도 제목만 다른 같은 내용이거나 같은 제목의 비슷한 내용이라면 나중에 나오는 작품은 표절일 수밖에 없다고 생각한다.

그런데 이상하게도 『수필문학』을 읽으면 수필이 떠오른다. 쓰고 싶은 충동과 토해내지 않으면 반란이라도 일으킬 듯 가슴속에서 언어들이 부글부글 끓어오르는 것을 느낀다. 어릴 때 추억 이야기를 읽으면 내 어릴 적 이야기가 떠오르고, 어머니에 관한 글을 읽으면 어느새 어머니가 곁에 와 있다. 평소 어떤 사연들을 가지고 있는지 모르고 있다가 다른 사람의 작품 속에서 글감이 한 폭의 수채화처럼 펼쳐진다.

수필에 대해 갖고 있는 이미지는 시처럼 쌈박하지 못하고 소설처럼 갈등도 덜하며 누구나 보고 듣고 느낄 수 있는 일상 잡담 같다고 생각해 왔다. 막상 수필을 가까이서 쓰고 읽으면서 일상 속에 살아있는 작은 이야기들이 얼마나 귀하고 아름다운가를 알기 시작했다. 그의 향기를 찾아 맡을 수 있게 된 것이다.

언젠가 남편이 사무실에 있던 난초 화분을 들고 왔다. 짙은 보라색 꽃대 끝에 작은 꽃잎이 달려 있었다. 꽃빛도 화려하지 않고 모습도 수수했다. 그래서 대수롭지 않게 받아다 진열장 위에 놓았다.

"향이 참 좋지? 특이해!"

"무슨 향이 있다고 그래요, 아무 냄새도 없는데!"

"왜 냄새가 없어? 어떤 냄새라고 표현할 수 없는 아주 은은하고 하여튼 참 좋은 향이 나는데!"

남편은 안타까운 표정까지 지어 보이면서 내가 좋아할 것 같은 향이라서 들고 왔단다. 화분을 들여다보며 다시 한 번 음미해 보라며 채근했지만 나는 향 없는 난초 화분을 시큰둥하게 바라보았다.

『수필문학』을 읽고 있으면 그 일이 자주 떠오른다. 남편은 난초의 꽃대가 싹을 틔어 올리며 봉우리를 맺고 꽃잎이 펴지고 하는 과정 전부를 관심을 갖고 지켜보았을 것이다. 그랬기에 난초는 애정의 눈으로 다가오는 상대에게 향기로 대답한 것을 이해하게 되었다. 그때 내가 사랑은 없이 향기만을 요구했을 때 그는 향기를 안으로 삼켜 버린 것을 이제야 깨달게 된다.

어느샌가 월초가 되면 하루가 멀다 하고 우편함을 챙겨본다. 월간 수필문학을 기다리며 일상까지 수필을 닮아가고 있다. 수필을 향한 짝사랑이 시작된 것 같다. 그것은 수필에서 내뿜는 냄새를 맡을 수 있게 된 것이 증거이다. 소담한 수채화를 보고 있으면 그림 속에서 숲과 강에서 배어나는 은은한 향기가 보이듯이 수필 속에서도 수채화 같은 냄새가 반하게 한다.

'난초는 수풀 속에서도 제 향기를 낸다'는 말처럼 내가 쓰는 수필에서도 유난스럽지는 않지만 한 번 더 코를 갖다 대고 싶은 은은한 나만의 향기를 내고 싶다. 난초처럼.

(1998013052)

내 사랑 십일월

나는 십일월을 사랑한다.

십일월에는 한 달 내내 강한 몸짓으로 호흡한다. 십일월은 그 모습이 단아해서 좋다. 그에게 관심을 가진 이후 일요일 외에 공휴일 혹은 임시휴일도 거의 없었다. 언제나 네 개의 일요일이 어울리게 자리 잡고 서른 날이 반듯하게 채워져 있다. 또 시월처럼 화려하고 풍요롭지도, 일 년의 마지막인 십이월처럼 바쁘고 부산스럽지도 않다. 그래서 한 귀퉁이도 덜어내지 않은 보너스를 받은 것처럼 소담스러움을 느낀다.

십일월은 낙엽의 계절이다.

나신을 드러내기 부끄러워 한 잎씩 천천히 벗어 내리다가 어느 날엔가 비바람을 시켜 우수수 떨어뜨려 나뭇가지를 발가벗겨 놓는 심술궂음도 애교스럽다. 나무들이 발가벗고 발목만 낙엽 속에 푹 잠그고 있는 모습은 동정심을 발동케 하여 오랫동안 창밖을 내다보며 울먹이게 한다.

나는 십일월에 태어났다.

십일월은 서른 일 모두가 생일이다. 날마다 새로 태어나고 매일 생일잔치를 벌인다. 초하루부터 시작해 서른 번의 생일 소풍을 다닌다. 시외버스를 타고 교외로 나가기도 하고, 종일 창 너머 강 수면의 물결무늬랑 차들이 달리는 강변도로 모습을 한 폭의 그림처럼 감상하고 보내는 것도 마음의 소풍이다. 십일월에는 하루라도 소풍을 가지 않았다고 생각되는 날은 없다.

그리고 십일월이 되면 필기구를 다시 챙긴다.

일기장도 책상머리에 올려놓고 편지 보낼 이름들도 적어본다. 서른 통의 편지 쓰기를 계획하지만 날마다 마음으로 쓰고는 연하카드로 대신하기로 미루고 결국 서너 통으로 끝낸다. 평소에는 일기나 편지를 쓸 때 볼펜이나 연필 등 손에 닿는 대로 사용하지만 십일월에는 '스카이 블루'색의 잉크로 채운 만년필로 쓴다. 그 잉크 색에서는 그때쯤의 내 고향 하늘빛과 바다 빛을 볼 수 있기 때문이다.

일 년 동안 소식 없었던 친구들에게 전화하는 것도 십일월의 행사다. 전화번호 수첩을 들추어가며 지난해 가을 이후 한 번도 연락이 없었던 친구에게 전화를 건다. 궁금하던 목소리를 다 듣고 나면 혼자 안도의 한숨을 내뱉는다. 이렇게 삼백육십 일 가슴속에 들어 있던 언어들과 에너지를 다 쏟아 내는 한 달을 지내고 나면 마음과 몸이 잘 건조된 한 잎 단풍 같은 가벼움을 느낀다.

나의 십일월에 대한 사랑은 어릴 적 소 먹이기를 하면서부터 시작되었다. 이른 봄에 소를 몰고 나서면 여름 방목을 거쳐 늦가을에야 바깥에서의 소 먹이기가 끝난다. 나락을 베어내고 그루터기만 남은 빈 들판이 되면 소들은 외양간에 들어앉게 되고 나는 소 먹이는 일에서 벗어난다. 그해 마지막 소먹이는 일을 끝내고 집으로 돌아올 때 서쪽하늘이 불그스레하게 석양으로 익었던 하늘빛이 얼마나 아름다웠던지.

그때부터였을 게다.

방과 후에도 친구들과 마음 놓고 놀 수 있는 자유가 주어졌다. 아홉 살부터 소 먹이기를 시작해 열두 살까지 했으니 자연히 늦가을이 빨리 오기를 기다렸고 늦가을이 되는 십일월이 좋기만 했다. 아동기에서부터 사춘기를 거치면서 십일월의 영양분으로 내 정서는 키워져 왔던 것 같다. 그래서인지 언제부터인가 새로운 사람을 만나면 십일월의 표정을 느낄 줄 아는가에 따라 또 어떻게 느끼는가에 따라 나는 그의 애인이나 친구로 다가간다.

십일월이 되면 하고 싶은 일들이 많다.

깊은 우물 같은 눈빛을 들여다보며 따뜻한 차를 마시고 싶다. 뜨거운 물에 데워진 백자 잔에다 가득하게 차를 채워 두 손으로 감싸쥐고 건너편 눈빛이 보내는 이야기를 눈으로 대답하며 천천히 마시고 싶다. 바바리 깃을 세우고 단추는 가볍게 푼 채 발목이 시큰거리도록 걷고 싶다. 사람들이 덜 지나간 산길 한 모퉁이 굴참

나무 낙엽이 수북이 쌓인 곳에 한나절 내내 드러누워 있고 싶다. 나뭇가지 끝에 몇 잎 남은 깡마른 잎사귀로 무늬 진 하늘을 구멍이 나도록 쳐다보며 누워 있고 싶다. 얼마쯤 지나 등이 뜨뜻해 올 때쯤이면 낙엽 저들끼리 속삭이는 가을이야기도 들려오겠지.

십일월이면 열한 살부터 써 온 일기장을 꺼내어 소설책처럼 읽고 싶다. 왜 그렇게 괴로운 일도 많고 고독했는지 온통 어두운 단어들뿐인데도 거기서 나는 향내는 풋풋하고 싱그럽기만 하다. 그리고 십일월이면 똑같은 의미로 가을 병에 걸리는 친구가 보고 싶다. 추울수록 혼자 떤다는 염소처럼 만나면 서로가 너무 좋아 할까봐 보고 싶은 것을 참고 마는 우리들의 우정이기에 더 보고 싶어진다.

'모란이 떨어져 버리고 나면 내 한 해는 가고 말아'라고 노래한 시인처럼 십일월이 가고 나면 내 한 해는 다 가고 새로운 한 해가 시작된다. 다음해 십일월까지 내 삶은 다시 출발선 위에 준비 자세한 육상 선수 같은 생활이 시작되는 것이다.

해묵은 지붕을 걷어내고 새 이엉을 얹고 난 다음날 나는 태어났단다. 태어날 달은 선택하지 않아도 십일월에 태어났지만 죽음도 십일월에 맞고 싶다. 손으로 낙엽만 슬슬 걷어내고 그 밑에 눕혀 놓아도 편안할 것 같은 계절에 내 삶도 마감하고 싶다. 그러니까 십일월이 오기 전까지 나는 죽을 일도 없고 오직 열심히 살 일밖에 없다.

어느 친구는 날더러 십일월 보름달처럼 냉랭하다고 한다. 왠지 추워 보이고 차갑게 느껴져 선뜻 다가서기는 어렵지만 언제까지라도 상하지는 않을 것 같은 느낌 때문에 내 곁에 있고 싶다고 한다. 나한테서 십일월의 냄새가 풍기나 보다. 십일월 한 달을 위해 열한 달 동안은 눈썹이 날리도록 바쁘게 산다.

나는 십일월을 무지 좋아한다. (1997120349)

못생긴 여자의 변(辯)

서너 달 만에 반상회에 갔다. 바쁜 일상 때문인지 한 복도를 사용하고 살아도 얼굴 보기가 힘든 이웃들이다. 지난번 반상회 때 이후로 처음 보는 위층 아주머니 표정이 왠지 편안해 보이지가 않았다. 옆에 앉은 이도 고개를 갸우뚱하더니 "예뻐졌네, 쌍꺼풀 수술했어요?" 한다. 그러고 보니 눈이 진한 쌍꺼풀로 홉뜬 것 같은 모습이었다. 또 한 사람은 점을 뺐다고 얼굴에 붉은 부스럼 딱지들로 가득 덮여 있었다.

박피술은 어디서 싸게 잘 한다더라. 누구는 눈가 주름 수술을 했다더라! 등등 반상회 화제는 온통 성형수술 이야기였다. 사십대 남자들은 만나면 명예퇴직이나 과로사가 화제라던데, 사십대 여자들은 성형수술 이야기가 관심사인가. 남자가 직장에서 밀려나 소외되는 것만큼 여자가 젊음이나 아름다움을 잃는 절망감 또한 그에 못지않은가 보다.

두어 시간 동안 미용술에 관한 이야기를 듣고 있으려니 얼마 전

친구가 하던 말이 떠올랐다. '화장도 하지 않고 나다닐 수 있는 용기가 대단하다.'고 하며 쉬운 말을 어렵게 하고는 내 눈치를 보던 표정이었다. 그때는 마음에 두지 않고 귓전으로 흘려버렸다. 그런데 성형수술 이야기를 듣고 돌아오면서 그 말의 의미를 다시 생각해 보게 되었다.

나는 어릴 때부터 못생겼다는 말을 많이 들었다. 엄마랑 같이 나가면 아버지를 닮았냐고, 딸은 아버지를 닮으면 잘 산다던데… 등등. 그런 말을 들어도 잘 산다던데 하는 말만 기분 좋게 기억하곤 했다.

그런데 열 살 전후에 고구마의 거제도 사투리 '고매'라는 별명이 붙었다. 제멋대로 생긴 고구마를 볼 때마다 나도 이렇게 못생겼나 하는 자각을 하게 되었다. 그때부터 학교 복도에 걸렸던 큰 거울 앞에서는 고개를 모로 돌리고 지나다녔다. 어쩌다 거울에 비친 내 모습을 보면 유난히 긴 목에다 밋밋한 표정이 그렇게 싫었다.

그쯤이었던 것 같다. '마음이 고와야 여자지 얼굴만 예쁘다고 여자냐' 하는 대중가요가 유행했다. 그 노래 가사가 얼마나 위안이 되어 주던지 자폐아라도 될 뻔했던 사춘기를 마음이 예쁜 아이가 되도록 노력하며 잘 넘겼다.

이십대 초반에는 오히려 자신만만하게 보냈던 것 같다. 매끈한 피부에 화장기 없이 청순한 이미지하며 내 마음은 천사같이 곱다라는 착각 속에서 살았다. 그랬기에 여러 남자친구들 중에서 내가 내걸었던 조건에 가장 근접한 지금의 남편이 따라오도록 만들었으니까.

여자의 아름다움은 결혼을 하고 나면 별로 소용에 닿지 않는다고 생각했다. 그런데도 은근히 날 닮은 딸은 낳지 않겠다는 생각이 있어 그런지 잘 생긴 아들만 둘을 갖게 되었다.

그리고 삼십대 중반쯤에 매사에 매력 있는 여자를 만났다. 외관도 아름답고 취미며 세상을 바라보는 시각도 비슷해 좋은 친구가 되고 싶었다. 그런데 내가 못생겨서 같이 놀기 싫다는 얘기를 옆 친구로부터 들었다.

물론 본인에게 확인해 보지도 않았고 흘려버릴 수도 있는 말이다. 하지만 연못 속 개구리가 맞은 작은 돌멩이처럼 나에게는 쉽게 들리진 않았다. 이렇게 생긴 것도 개성인데 마음의 눈을 가지지 못한 친구이구나 하는 느낌이 들었다. 크게 서운함 없이 빈 웃음만 한 번 웃고 마음속에서 좇아버렸다. 그 일로 인해 나이를 먹어도 못생긴 것은 문제가 된다는 것을 다시 생각하게 되었다.

문밖에 나서기만 하면 이미 공해라는 말처럼 나도 공해일 수 있음을 인정한다. 일 년이면 두어 번 미장원엘 가고 슈퍼마켓에서 구입한 두어 가지 화장품은 몇 달 동안 사용하는지 모를 정도로 화장을 하지 않는다. 루즈 냄새에 멀미를 하고 어쩌다 화장을 하게 되면 가면을 쓴 것처럼 거북함을 느낀다. 타고난 바탕도 문제이지만 아름다워지겠다는 노력보다 얼마나 편리한가에만 관심이 있기 때문일 것이다. 호박에 줄을 긋는다고 수박되지 않는다는 것을 일찍 터득한 탓이라고나 할까.

얼마 전 월간지에서 '여자는 오로지 미운 것 한 가지만으로 버림을 받고 지옥에 가야 하는 슬프고도 억울한 운명을 지녔다.'는 어느 스님이 쓴 글을 읽었다. 그렇다면 나는 이미 지옥행 표는 따 놓은 것일까.

하지만 나에게도 예찬자 세 남자가 있다. 한 치의 의심도 없이 세상 여자들 중에서 가장 예쁘다고 생각하는 친정아버지다. 모든 일상적인 일에서부터 삶의 깊은 의미까지 나의 의견이라면 무조건 신임한다. TV에 나오는 사람들 중에서 내 이름과 같은 연예인까지 최고라고 우길 정도이다. 그런 아버지의 사랑으로 인해 소신껏 삶을 헤쳐 나갈 수 있는 강한 성격의 소유자가 되었을 것이다.

그리고 사춘기의 문턱에 선 작은아들은 우리 엄마가 제일 예쁘단다. 어느 날 이성에 눈이 트이면 제2선으로 물러나겠지만 아직까지는 열성 팬이다. 또 남편이 있다. 이십여 년 가까이 살아오면서 눈에 익고 마음에 익어 못생겼는지조차 분간 못하는 것 같다. 처음 만난 이십 대에는 천사인 줄 알았고 지금은 지적인 악녀라 자신을 철인으로 키워주어 고맙다나.

모든 여자들이 아름답게 태어나고 아름답기 위해 발끝으로 세상을 걸어간다 하더라도 내 편한 대로 살아가련다. 돌들이 전부 옥이라면 옥의 귀함이 드러나지 않을 것이다.

그러므로 나는 세상의 구색을 위해 돌로 남으리라. 세 남자에게 최고의 여자만으로도 내 삶은 배가 부르다. (1997032837)

2.

또 다른 사랑

11月 29日 (月)

시인 김춘수 님이 타계했다는 소식이다. 꽃도 지고 잎도 지고 시인도 지고…… 십일월이 지나면 내년 여름까지 살아야 할 모든 것들은 살아 있을 테고 죽을 것들은 거의 마감된 듯하다.

생일 이벤트

사람이 산다는 것은 끊임없이 자신을 확인하는 작업이 아닐까. 남편에게 자신이 건강하다는 것을 확인시켜주고 싶어서 설악산 대청봉 등산을 선택했다. 대청봉에는 바람이 있었다. 남편은 내가 꾸민 마흔네 번째 생일잔치로 건강하고 자신감 넘치는 생활인으로 돌아왔다.

설악산 오색약수에서 대청봉으로 오르는 등산 코스의 산 중턱에 앉았다. 손전등을 끄니 달빛이 폭포처럼 쏟아진다. 슬픈 감정이 휙 하니 지나간다. 달빛 때문일까. 방금 지나간 부부 팀 때문일까. 부인은 힘들다고 계속 짜증과 어리광을 부리고 양 어깨에 배낭을 멘 남편은 얼마 남지 않았노라며 달래기도 하고 감싸면서 지나가는 모습이다. 내려놓은 두 개의 배낭을 다잡으며 내 처지랑 한참 다른 그녀의 모습에서 나도 모르게 긴 숨을 내뱉었다.

새벽 두 시 오색 약수터 등산로 입구에 도착했다. 음력 구월 열여드렛날 새벽이기에 울창한 숲의 어둠 속으로 보름을 막 넘긴 달빛이 무늬를 놓는다. 아침, 점심 도시락과 음료수, 과일을 넣은 배낭을 메고 손전등을 들었다. 등산로 초입에 들어서자마자 한 시간여 동안 가파른 계단길이 계속되었다. 숨이 목에 차오르고 정신이 아득해지면서 무모한 객기가 아닌가하는 생각이 들기 시작했다.

우리는 평소에 등산이라고는 휴일에 가끔 동네 뒷산에 오르는 정도였다. 설악산으로 출발하기 2주일 전부터 아차산에 이틀 간격으로 오르며 호흡 조절을 한 것이 등산 준비의 전부였다. 그런데다 2년 전 대수술을 받아 몸도 마음도 허약한 남편을 부추겨 나선 대청봉 등산길이니 '내다가 내다가 죽을 꾀를 낸다는' 말이 입 속에 뱅뱅 돌았다.

위를 올려다보니 같이 온 손전등 행렬의 끝은 보이지 않고 산 아래를 내려다보니 우리보다 늦게 도착한 등산객들의 손전등이 끝없이 이어지고 있었다. 남편은 서너 걸음 간격으로 헉헉대며 도저히 못 가겠노라고 손을 내저었다.

할 수 없이 남편이 멘 배낭을 내려놓게 하고 외투도 벗겨 몸을 가볍게 해주었다. 그리고 내가 두 개의 배낭을 메고 뒤에서 그를 밀기 시작했다. 세 발짝 내딛고는 쉬고, 또 세 발짝 내딛고는… 그러기를 얼마쯤 했을까. 이런 상태로는 해뜨기 전에 대청봉에 오르는 것도 무리지만 올라갈 수도 내려갈 수도 없다는 판단이 섰다.

나는 남편과 같이 오르기를 포기했다. 혼자 대청봉까지 올랐다가 되내려오며 남편을 만나기로 마음먹었다. 그리고는 두 개의 배낭을 지고 산마루턱까지 한걸음에 올라온 것이다. 하지만 나 혼자 정상에 오르고 떠오르는 태양을 맞이하는 모습을 상상해 보았다. 갑자기 내 인생의 프로그램과 비슷한 모습을 보는 듯하였다. 그렇다면 '이런 모습은 아니다'라는 생각이 들었다. 어떻게 해서라도 둘이 나란히 서서 일출을 바라보아야 한다는 생각을 하고 발걸음을 멈추고 앉았다.

그이 스스로 내가 앉아 있는 이곳에 도착될 때까지 기다리리라. 아무리 힘들어해도 각자의 짐을 지고 느리게라도 정상에 오르게 할 것이다. 동행들과 타고 온 버스로 되돌아가지 못해도 그만이라고 생각을 바꾸니 숲 속 저쪽에서 달려온 바람이 와락 따뜻한 입김이 되어 가슴을 매만져 주었다.

저만치 남편 모습이 보였다. 음료수를 마시게 하고는 다시 배낭을 메게 하고 웃옷도 입혔다. "자기야 자존심을 걸어봐. 사십 초반의 건강한 아저씨잖아! 지난 해 봄 우리가 받았던 삶의 선고를 생각해봐. 그 끔찍하던 순간을 생각하면 이쯤이야. 그지?" 하고 귀에다 대고 그의 자존심을 건드렸다.

우리가 한 발 내디뎌 오를 때마다 달은 한 발씩 머리 위로 내려오는 듯했다. 남편은 "참 좋기는 좋다. 나 올라갈게 걱정 하지마." 하며 내 마음을 걱정할 만큼 자신감을 얻은 듯하였다. 두 팔로 미는 도움보다는 자존심을 들먹여 마음을 몰아친 것이 훨씬 강한 힘이 된 것 같다. 연두색 달빛이 화려해지기 시작했다. 처음 차에서 내렸을 때 보았던 그 빛으로 보이기 시작한 것이다. 우리는 정상에 다다랐고, 동해 위로 아침 해가 떠오르는 장관 앞에 섰다.

남편의 생일 아침을 맞았다. 바람은 작은 내 몸 하나쯤은 동해까지 던져버릴 수 있다는 기세로 달려들었다. 바람을 핑계 삼아 나는 그이를 꼭 붙잡고 귀에다 "생일 축하 해." 하고 속삭였다. 빛을 잃어가는 달이 우리를 내려다보면서 축하한다고 손뼉을 치는 듯했다.

대청봉에서 내려다본 능선 능선들, 태풍 부는 날 파도가 밀려오듯이 산 능선들이 끝없이 밀려와 온통 산 또 산뿐이다. 그 그림을 내 육안으로 볼 수 있는 이 행복함을 어찌 표현할까.

여섯 시간 동안의 하산. 산신령이 아무도 침범하지 못하도록 기암절벽으로 다듬어둔 곳을 철 계단을 놓아 누구나 다닐 수 있도록 해놓은 계곡들을 지나왔다. 인간이 산신령에게 도전했다는 느낌이 들었다. 그리고 한 발 내딛기도 어려운 그런 곳에 나 같은 이도 지나다닐 수 있도록 계단을 시설해준 어느 사람의 노고가 그렇게 고마울 수가 없었다.

다리가 후들후들 떨리며 발이 어디 닿는지도 모르며 내려온다. 천불동 계곡에 발을 담그고 잠시 열을 식혔다. 한 가지도 빠뜨리지 않고 다 기억하고 싶은 욕심이다. 천불동 계곡의 시린 물맛하며 화려한 단풍과 대청봉의 바람과 일출 그리고 달과 별, 산 파도가 꿈이었나 싶다.

마흔에 겪었던 인생의 마디처럼 그 마디를 잘 넘겨온 것처럼 앞으로의 인생도 남편이랑 천천히 아주 천천히 완주할 것이다. 이웃과 같은 인생의 차타기를 포기할 때 달빛이 슬픔보다 아름다움으로 보이기 시작하던 순간을 늘 곁에 두고 살아야지.

위험한 절벽 쪽에 막아서서 내 손을 꼭 붙잡고 내려오는 남편에게 "이만하면 생일 선물치고는 천하일품" 아니냐며 유세를 떨었다. 남편이 싱긋이 웃는다. 그 표정에서 건강에 대한 두려움은 벗겨지고 어깨에 힘을 주며 얼굴이 화색으로 단장되는 것을 보았다. 대청봉에서 '생일 축하한다.'는 한마디를 주고받으려고 우리는 아주 멋진 모험을 한 셈이다.

한밤중 차에서 내리면서부터 가슴 깊숙이 싸 안기던 달빛이 있었기에 내가 마련한 생일 이벤트를 무사히 치러낼 수 있었다.

설악산의 달은 머리에 닿을 듯 떠 있었다.

(1997101846)

또 다른 사랑

일주일마다 세 종류의 종교서신을 받고 있다. 기독교와 SGI(창가학회), 천주교이다. 한 동네 사는 개신교 친구가 2년 째 보내주고 있는 「생명의 서신」과 창가학회에서 5개월 째 보내오는 「和光新聞」이 있다. 그리고 일요일 저녁이면 어김없이 우편함에 꽂혀 있는 천주교 주보가 그들이다.

「생명의 서신」은 편지지 한 장 크기에다 성경 구절을 소개하고 성경구절과 어울리는 일상을 깨우쳐 주는 내용들로 꾸며져 있다. 편하게 읽고 쉽게 이해할 수 있는 이름 그대로 서신 즉 편지 같은 느낌으로 읽는다.

그리고 SGI(창가학회)의 「和光新聞」은 좀 낯선 신문이다. 신문을 받은 지 5개월여 되었는데도 용어들도 익숙하지 않고 전체적인 내용도 쉽게 이해되지 않는다. 이 종교는 친구가 여러 차례 같이 가기를 권유했지만 아직 직접 대해보지도 못했고, 회원들도 주변에서 쉽게 만나기 어려워서 선뜻 다가서지지는 않는다. 회원친구가 가끔씩 통화할 때마다 SGI에 대해 설명해 주는 정보와 불교의 『법화경』이 경전이라는 정도의 내용만을 알고 있을 뿐이다.

나는 스무 살 되던 봄에 세례를 받은 천주교 신자이다. 여름에는 회색 원피스에 겨울이면 까만 우단 원피스를 즐겨 입던 이십대 초반의 나였다. 그때는 모든 사고의 출발이 기도로 시작해서 기도에 의해 이루어지고 기도로써 응답을 받는 성실한 신앙인의 자세에 파묻혀 살았다. 인생 노트엔 스물다섯 살이 되는 80년 1월 둘째 일요일부터 완전한 종교인으로서의 삶을 계획해 두었다.

그러던 79년 가을 한 남자를 만났고 그 남자를 신앙인의 마음으로 평생을 같이 하겠다는 각오를 했다. 한 번도 더운 김을 씌워보지 않았던 긴 머리칼을 싹둑 자르고 화학 약품으로 꼬불꼬불 숨을 죽였다. 내가 계획해 두었던 일요일 전야에 천주교 교회에서 감면혼인성사를 올리며 지금의 생활 속으로 옮겨 앉게 된 것이다.

지금은 냉담 상태에 있다. 여러 가지 핑계가 있지만 부담 없이 죄짓고 싶고, 그 다음은 시아버님과의 약속이 있다. 몇 년 전 다니러 오셨던 시아버님은 거실 벽 한복판에 걸린 묵주를 보시고는 나를 다잡아 앉히더니 "네가 예수쟁인 줄 알았으면 절대 며느리로 삼지 않았을 게다. 이제라도 내 살아 있는 동안에는 교회 나가지 말거라. 그리고 네 남편이나 아이들도 부추기면 안 된다." 하셨다. '저희들은 교회에서 결혼서약도 했는걸요.' 나는 속으로 중얼거리며 입으로는 쾌히 대답했다. 때마침 신앙생활이 조금씩 나태해져 가던 마음에 적당한 이유를 만들어준 편이 되었다.

신앙생활이 느슨해지면서 나태해진 생활이 외부에도 드러나 보이나 보다. 신심이 두터운 친구들은 자꾸 마음의 문을 두드리며 다가든다. 「생명의 서신」을 보내주는 친구는 나의 교만한 마음이 부드러워지기를 기도한다고 했다. 「和光신문」을 보내는 친구도 천지간에 둘도 없는 묘법을 깨우쳐 회복을 얻으라고 설득한다. 그리고 천주교에서 레지오 활동하는 친구는 한 달이면 한 번씩 가정기도를 올려주러 방문한다.

삼 년 전 남편이 대수술을 하였다. 그때 개신교 친구들은 날마다 나를 위해 기도를 올려 주었고, SGI회원 친구는 그의 신심을 다해 기원을 해주었다. 친구들은 몇 번씩 병원에 들러 마음을 감싸 안아 주곤 했다. 그리고 서로 자기네 종교의 우산 아래로 마음을 의탁하라고 권유했다.

그런데도 나는 남편의 수술실 밖에서 친정 할아버지를 불렀다. 수술 시간 동안과 수술실 밖 전광판에 남편의 이름이 회복실로 옮겨질 때까지 몇 시간 동안 절규하듯 '할아버지'를 불렀다. 어떻게 해달라는 말도 생각나지 않았고 오직 사람의 힘보다 강한 어떤 사랑이 내 곁에 있어주기를 원했다. 할아버지만은 자손 중에 가장 어려운 곳에 있는 내 곁에 와 있으리라는 믿음이 있었다.

그 상황에서도 위에서 내려다보면 힘들고 고통스런 곳은 있을 테고 주님은 나보다 더 어려운 곳에 가 있을 거라는 생각을 했다.

친구들은 발등에 불이 떨어져 봐야 하느님을 찾을 거라고 위협하며 나중은 없다고도 한다. 그럴 때마다 정말 더 뜨거운 불덩이 맛을 보면 어떨까하는 생각도 해본다.

그렇지만 나는 가장 행복하고 가슴이 따뜻할 때 그의 이름을 부르리라는 것을 안다. 시간이 없다 해도 단 하루 마지막 한 순간이 주어져 '감사합니다'라고 단 한마디만의 기도를 올릴 수 있다면 오늘의 내 신앙생활을 후회하지는 않으리라. 그리고 내가 갚아야 할 사랑이 많기에 그 사랑을 다 갚을 수 있는 시간은 주시리라는 믿음이 있다.

얼마 전 「和光新聞」을 보내는 친구에게 작정을 하고 전화를 걸었다. 부담스러우니 그만 보내라고 할 참이었다. 친구는 내가 애써 목소리를 가라 앉혀서 하는 이야기를 가만히 듣고 있더니, "미안해요. 하지만 일 년 치 정기구독을 신청해 놓았으니 편하게 받아보세요. 미안해요. 나 혼자 복 받는 게 미안해서··· 미안해요."

친구는 짧은 대화 속에 미안하다는 말을 몇 번을 했는지 모른다. 전화기를 놓는 내 손이 떨리고 있었다. 갑자기 그 친구의 맑고 투명한 눈빛이 다가오면서 방금 내가 한 짓이 얼마나 미안하고 어리석은 짓인가를 생각하게 되었다. 후로는 오히려 「和光新聞」은 편하게 다가온다.

「생명의 서신」과 「和光新聞」은 반가움으로 시작해 부담스러움을 거쳐 이제는 기다리는 우편물이 되었다. 요즘은 친구들이 그의 마음들을 실어 일주일에 한 번씩 날 찾아주는 것 같다. 그래서 「생명의 서신」도 「和光新聞」도 반가운 마음으로 받고 감사함으로 읽는다. 또 다른 아름다운 사랑을 받고 있음을 느낄 수 있기 때문이다.

나에게는 영혼의 고향이며 정신 속에 뿌리내린 신앙이 있다. 비록 지금은 충실한 신앙생활을 하고 있지 못하지만 한시도 종교인임을 잊은 적은 없다. 사춘기 반항아처럼 부모님 품이 편하고 따뜻함이 오히려 권태로워서 집 밖을 배회하고 있을 뿐이다. 주일저녁마다 우리 집 우편함에 주보를 꽂아주고 가는 이름 모르는 교우는 언젠가는 내가 그곳 그 편한 곳으로 돌아갈 줄 알고 있는가 보다. 가만히 기다려 주는 애정은 더 따갑다.

(1998031453)

30, 70 그리고 100

1. 30

큰아이가 네 살 되던 가을에 처음 아이들에게 편지를 썼다. 출생 때부터 써오던 육아일기에서 단계를 올린 셈이다. 내 건강 문제로 입원하는 일이 생겨 아이들을 한 달 가량 외할머니 댁에다 보내게 되었다. 처음으로 품 밖으로 보내놓고 보니 일상 속에서 일어나던 일기감들이 작은 이야기가 되어 가슴속에서 뱅뱅 돌면서 삭아지지 않았다. 그래서 공책 한 권에다 보고 싶은 마음 걱정되는 마음을 편지 형식으로 쓰게 되었다.

그때부터 아이들 생일, 입학, 졸업, 소풍 등 매년마다 치르는 행사 때마다 편지를 썼다. 수신자에게는 한 번도 보여주거나 보내지 않았지만 큰아이가 고등학교 일 학년을 마칠 때까지 편지의 일련번호가 30까지 나갔다.

2. 70

고등학교 일 학년을 마칠 무렵, 아이는 공부를 등한히 하는 것 같았고 결과도 만족할 만큼 나오지 않았다. 우리 아이보다 높은 학년의 자녀를 둔 친구들로부터 상담도 하고 조언을 구하기도 했다. 친구들은 매를 들어서라도 공부를 시켜야 된다, 엄마만이 할 수 있는 일이다, 인격적으로 대하는 것도 나중 일이다 등 때를 놓치면 후회한다는 조언을 해주었다.

나는 망설여졌다. 열일곱 살이 되도록 매를 들어보지 않았는데 방법도 서툴지만 결과에 대해서도 자신이 없었다. 이런 저런 생각에 마음이 편하지 않아 그저 예쁘기만 하던 어릴 때 모습이 보고 싶어 편지 공책을 읽게 되었다.

철부지 엄마가 가슴이 벅차서 아이들이 알아듣지도 못할 이야기들을 늘어놓은 편지였는데도 한 편 한 편을 읽는 동안 나도 모르게 눈물이 났다. 그때는 그저 '건강하게만 자라 달라'는 말만 간절한 바람으로 누누이 적고 있었다. 그런데 어느새 내 욕심은 끝 간데 없고 무엇을 위한다는 뚜렷한 목적의식도 없이 아이에게 채근하고 있는 자신을 보았다.

그때 떠오른 생각이 '조용히 아이를 따라 가보자'였다. 아이들마다 개성이 다르듯 엄마와의 사이도 서로 다른 것을 알아냈다. 나와 우리 아이와의 관계를 보면 매나 잔소리 방법은 역시 어울리지 않았다. 오히려 문제가 있을 때마다 딴전을 부려 알고 있다는 것을 암시하는 것이 해결 방법이었다. 그렇다면 학습에 관한 문제도 직접 해결하려 들기보다 지켜보고 있다는 것만 알려주면 되는 것이었다. 나는 편지 쓰기를 선택했다.

편지 쓰기는 고2 새 학기에 들어서면서 간식도시락에다 넣으면서 시작되었다. 첫 편지를 넣던 날 기분이 복잡했다. 아이가 과일통을 열어 먹을 시간쯤까지 마음이 안정되지 않아 서성거렸고 밤 10시가 넘어 귀가할 때까지 가슴이 두근거려 아무 일도 할 수 없었다. 어떤 기분일까, 좋아할까, 짜증낼까 등 짝사랑 고백 연서라도 보낸 듯 아이의 표정이 궁금하고 기대되기도 했다.

하지만 현관을 들어서는 아이는 초조한 내 마음과는 다르게 어제와 다른 일은 아무것도 없었다는 듯 덤덤한 표정이었다. 그 표정에 질려 나도 아무 말도 하지 못했다. 물론 편지에 대한 것은 한마디도 없었다. 그로부터 수능 일주 전까지 만 2년 동안 한 주에 한 통씩 보내는 편지에 대해서는 거의 언급해보지 않았다. 편지 보내기가 멈추어진 지금까지도 가타부타 이야기를 나눈 적이 없다.

두어 번 정도 아이가 편지를 읽고 있다는 것을 확인할 수 있는 기회가 있었다. 학교 대표로 글쓰기 대회에서 '어머니'라는 제목으로 입상을 했다면서 연습장에 갈겨 쓴 개요를 살짝 보여 주었다. 첫머리 내용이 내가 보낸 편지 이야기로 시작되고 있는 것이었다.

일 년이 지나 겨울방학쯤이던가. 아이 방을 치우다가 책상 서랍 속에 편지 봉투와 편지지를 따로 차곡차곡 모아 담아둔 것을 보게 되었다. 휴지통에 버리지 않는다는 것을 확인하는 것으로 끝이다.

그리고 고3이 되었다. 여태껏 쓴 편지 번호에서부터 일련번호를 붙여보니 70을 끝으로 수능 치르는 날을 맞게 되었다. 그러니까 삼월 첫 주부터 한 주도 빠뜨리지 않아야 일흔 번이 되는 것이었다. 묘하게 기분이 좋았다. 꼭 70이 채워진다는 것도 괜히 잘 될 것 같은 기분이었다. 단 한 주도 빠뜨릴 수 없었다. 학교 시험기간처럼 도시락이 없을 때는 예쁜 향기 카드를 필통 속에다 넣기도 했다. 생각을 빼앗을까 하는 우려도 있었고, 기분을 상승시켜 주기를 바라는 마음에서였다.

원고지 열서너 장 분량의 편지를 공책에다 쓰고 편지지에 정서하는데 2시간이 걸린다. 아침저녁으로 만나면서 매주 다른 내용을 생각해 내는 일도 어려웠고 혼자만의 시간을 내는 일도 어려웠다. 오후에는 아르바이트로 4시간 정도를 보내야 하고 혼자 있을 수 있는 시간이라고는 오전 시간뿐인데 그것도 여의치 않을 때가 많았다. 그리고 하루 이틀 미루다 보면 갑자기 학교 일정이 바뀌어 오전 수업뿐이라 편지를 넣어줄 기회를 잡기 어려울 때도 있었다.

여러 어려운 경우가 있었지만 누구에게도 말하지 않는 일이 더 어려웠다. '임금님 귀는 당나귀 귀' 이야기처럼 말하고 싶은 유혹을 이겨내는 일도 예삿일은 아니었다. 혹 기(氣)가 빠지기라도 할까봐 이지면에 올려놓기 전까지 우리 둘 외에는 누구에게도 극비였으니까.

책가방 밑바닥에 교복 안주머니에 구겨져 들어 있는 편지를 보면서 괜한 짓인가 하고 힘이 빠질 때도 있었다. 그렇게 힘이 들 때쯤 책상 서랍 속의 편지를 본 것이다. 읽지도 않은 듯 아무렇게나 구겨 넣어 다니더니 나름대로 소중히 간직하는 것이 고맙고 열배의 답장을 받은 듯 기분이 좋았다.

70통의 편지는 원고지로 천여 장이 된다. 그 속에 단 한 번도 사용하지 않은 단어가 있다. '공부'라는 말이다. 자칫하면 가장 많이 쓰게 될 뻔한 단어일 수도 있었다. 하지만 처음 펜을 들면서 세 가지 기준을 세웠다. '공부'라는 단어 안 쓰기와 자필로 쓰기, 700일 기도하는 마음으로 맨 나중 편지 보내기까지는 비밀로 하기였다.

내가 세운 기준들을 잘 지켜냈다. 그리고 공부라는 말 대신 '자네를 믿는다.'는 말은 빠뜨린 적이 없었다. 아무도 대신해줄 수 없는 일이라는 것을 알기에 나는 아들만 믿기로 했다. 어쩌면 '공부'라는 말보다 더 무겁고 부담스럽게 했을 것이다. 그것이 내가 노리는 효과였고 마음 깊은 곳에서 나오는 진심이었다. 상급학교 등록을 하고 고교 삼 년 동안의 학습서들을 정리하니 사과 상자 크기로 일곱 상자가 나왔다. 내가 10통의 편지를 쓰는 동안 아이는 한 상자 분량의 책을 공부한 셈이다.

그리고 100

초등학생 때 읽었던 한석봉 어머니의 떡 썰기 이야기를 조금 흉내 내본 수험생 아들에게 편지 쓰기는 100통으로 일단 쉼표를 찍었다. 네 살부터 열일곱 살 되기까지 30통의 편지와 2년 동안 쓴 70통의 편지를 보태니 일백 통이 된다. 이제 대학생이니 사회인이다. 자신의 진로나 인생관을 스스로 다스리고 부딪히며 책임질 수 있는 나이에 이르렀다.

나는 더 할 얘기도 해주어 보탬이 될 말도 가지고 있지 못하다. 저를 만나기 전부터 시작해 백 번째 이야기를 하는 시간까지 살아온 모든 마디들을 다 풀어냈으니까. 이제는 지식과 지성이 잘 어우러지는 인격을 갖추어 따뜻한 이웃으로 살아갈 수 있었으면 하는 바람이다. 그리고 지성인으로 가는 길목에서 목이 마를 때 그동안 내가 보냈던 마음이 정안수가 될 수 있었으면 하고 바랄 뿐이다.

내 경험으로 회초리보다는 펜이 무섭고, 펜보다는 마음이 무섭다는 것을 교육이론에다 자신 있게 덧붙일 수 있을 것 같다. 짝사랑마저도 접어 넣어야 할 시기가 왔나보다.

(2000012574)

어린 날의 열흘여행

아홉 살배기 조카가 방학을 맞아 우리 집에서 열흘을 보내고 갔다. 할머니 할아버지를 따라왔지만 엄마를 떠나 먼 길을 나서기는 처음일 테다. 엄마와 헤어질 때는 뒤를 자꾸 챙겼다더니 막상 낯선 곳에 도착하니 호기심과 신기함에 즐거워했다.

할머니는 손자에게 고궁이랑 재래시장 같은 곳을 데리고 다니며 구경시켜주느라 바쁜 일정을 보냈다. 형들은 각자 시간이 허락되는 대로 놀이동산으로 어린이 회관, 영화관으로 다양하게 놀아 주느라 부산을 떨었다. 형들이 사용하는 컴퓨터의 어려운 게임을 비롯해 새로운 것들이 흥미로운지 날마다 신나했다. 그렇게 열흘은 후딱 지나가고 친정 부모님과 조카는 집 구석구석에 목소리를 묻혀놓고 갔다.

아이는 가슴에 무엇을 담고 갔을까. 일기장이랑 독후감 공책을 배낭에 챙겨 넣던 모습이 찡하니 마음에 남는다. 열흘이 이렇게 금방 가버릴 줄 알았더라면 아이에게 아무것도 채근하지 말걸. 종일 바깥에서 놀고 오면 일기, 독후감 쓰라고, '엄마하고 약속한 공부는 했냐?'고 잔소리를 해댔던 것이 안타까움으로 남는다. 여행은 누구에게나 일상에서 벗어나 보는 게 목적인데 그 일상에다 옭아 매려고 애를 썼으니 말이다. 아이가 지금쯤 고속버스 창가에서 까만 눈을 깜빡거리며 앉아있을 모습을 생각해보니 똑 고만할 때 내 모습이 보인다.

아홉 살 여름방학이었다. 거제도에서 부산으로 운항하는 여객선 '복운호' 선실에 보퉁이 하나를 안고 쪼그리고 앉아있었다. 보호자 없이 혼자 여행한 첫 경험이었다. 거제도에서 부산까지는 4시간이 넘게 소요되었다. 부산이 가까워지면 낙동강 하류와 바다가 만나는 곳을 지나게 되는데 그곳은 언제나 물살이 세고 사나워 배가 요동을 쳤다. 그때는 그런 것 저런 것도 몰랐지만 갑자기 선실바닥이 이쪽저쪽으로 기울어지기 시작했고 속이 울렁거리며 죽음의 공포를 느꼈다. 나를 보호해줄 사람이 아무도 없다는 것이 더 무서웠는지 모른다. 나 자신을 스스로 책임져야 한다는 위기감과의 첫 대면이었다.

엄마가 준 보퉁이를 가슴에 끌어안고 얼굴을 묻으며 입술에 힘을 주었다. 얼마쯤 지났을까. 배는 항구에 닿았고 마중 나온 큰어머니 손을 잡았을 때 안도감과 눈앞에 펼쳐진 세상은 경이로움이었다.

연안부두와 가까운 영주동이라는 곳에 큰어머니 댁은 있었다.

유난히 계단이 많은 그 동네까지 걸어가면서 혹시 멀미하는 동안 이상한 세상으로 옮겨진 건 아닐까 하고 생각했다. 마치 '이상한 나라 엘리스'처럼. 계단이라는 것을 처음 밟아 봤으니까. 그리고 열흘간의 도시경험은 일생 나를 꿈꾸게 해주는 마술 램프 같은 것으로 남았다.

도시에 밤이 왔다. 온 세상이 다 반짝거렸다. 하얗고 긴 전구에 동그란 손잡이를 누르면 하얀 불이 들어오던 것이 하도 신기해 몇 번이고 똑딱똑딱 소리를 내며 켰다 껐다 했다. 그리고 온 동네가 전깃불로 장식한 야경은 눈물이 나도록 아름다웠다. 여태껏 내가 아는 밤은 칠흑같이 어둡다가 보름이 가까워 오면 달빛으로 온 동네가 환했고 별빛만 반짝거렸는데, 달빛보다 더 밝고 별보다 더 반짝거린다는 것은 경이로움이었다.

사촌 언니랑 왕자표 크레파스와 도화지를 들고 우남공원에 갔다. 까만 자갈밭에 우뚝 선 이순신 장군은 긴 칼을 차고 있었고 비둘기들이 한 장의 그림처럼 날고 앉던 모습이 선명하게 남아있다. 과자에 담긴 아이스크림이라는 것을 먹었을 때의 그 이상야릇한 쾌감은 요즘도 깔때기 모양의 아이스크림만 보면 그 여름이 떠오른다. 길가에 쪼그리고 앉아서 국자에 설탕을 넣어 녹여 여러 가지 모양을 만들어 먹던 과자도 잊히지 않는다. 그리고 한 보따리씩 만화책을 빌려다가 손가락에 침을 묻히는 순간보다 책장 넘기는 동작이 더 빠르던 언니들 모습도 생각난다.

부엌 위에 있는 다락방의 그 은밀함이 얼마나 좋든지. 계단을 밟고 올라가는 것도 좋았고 적당하게 어두운 게 좋았다. 그리고 조그마한 내 키가 천장에 닿는 게 그렇게 좋을 수가 없었다. 바깥으로 난 창문 쪽으로 배를 대고 엎드려 아래를 내려다보는 게 신기했다.

시골로 돌아와서 여행담을 늘어놓는 과정에서 다락방 때문에 나는 일생일대의 거짓말을 하게 되었다. 그때는 다락방이 굉장히 높은 곳인 줄 알았다. 큰어머니 댁에서 있었던 일들을 자랑하던 중 더 재미있게 하느라고 '밤에 자다가 다락방에서 떨어졌다'고 무용담처럼 늘어놓았다. '다치지는 않았느냐. 현관문이 잠겼을 텐데 어떻게 다시 들어갔느냐. 안방에 자고 있던 식구들은 밟지 않고 올라갈 수 있었느냐'는 등 질문이 쏟아졌다.

도시에서는 밤에 문을 잠그고 잔다는 것도 몰랐고 다락방이 안방을 통해야 한다는 것도 계산하지 못했다. 꾸며낸 이야기를 하고 보니 뒷마무리가 제대로 될 리가 없었다. 물론 어른들은 눈치를 챘겠지만 거짓말이 탄로날까봐 얼마나 가슴을 졸였는지. 아홉 살 여름 이후로 거짓말은 해본 적이 없다. 꼭 거짓말을 할 수밖에 없는 경우라면 차라리 아무 말을 하지 않고 마는 것이다.

그리고 큰엄마네 아래채에 살던 또찌네 아줌마의 두툼한 입술이 밤낮 없이 짙은 장밋빛인 게 거북스럽게 보였던지 나는 선홍색 립스틱을 바르지 않는다. 숨 쉴 여가도 없이 넘어가던 만화책 장이 눈에 선해 그렇게 읽혀지지 않는 내 실력이 실망스러워 그때 이후 단 한 권의 만화도 읽지 않았다. 요즘은 편리한 스위치도 많지만 형광등 똑딱이 스위치는 특별한 추억처럼 좋다. 용두산공원으로 이름이 바뀌었지만 공원에서 동상을 만난 이후 어디서 만나도 이순신 장군 동상은 친근하고 반갑다.

어린 시절 열흘 동안의 여행이 내 의식의 큰 줄기에 많은 영향을 주었다. 혼자 떠나는 여행의 묘미를 깨우친 것 같고 어려운 일에 봉착했을 때 오히려 강해지는 성격도 그렇다. 어쩌면 그때 이후로 내 속에는 자신감이 생기고 새로운 것에 대한 도전의 묘미를 알게 되었던 것 같다. 사소한 일상일 뿐이지만 그런 토막들이 모여서 '나'라는 이미지를 만든다고 생각하면 어떤 시간에 어떤 경험을 하느냐는 인간성 형성에 엄청난 영향을 끼친다고 본다.

큰어머니가 사주신 물방울무늬 원피스를 입고 내가 보았던 그 많은 것들이 내 뒤를 졸졸 따라다니는 착각 속에 친구들 앞에서 우쭐대던 모습이 눈에 선하다. 도시와 시골과는 생활수준이나 문화수준이 현격하게 차이가 있던 육십 년 대의 아홉 살짜리와 요즘처럼 거의 같은 생활환경에서의 여행은 좀 다르기는 할 것이다. 그때 내가 받았던 충격은 모든 일상들이었는데 조카는 무엇을 새롭게 보고 느꼈을지 궁금하다. 어린이는 비평능력이 생기기 전에 좋은 것만 보게 되고 아름답게 기억한다고 생각된다. 어른들 눈에는 별로 달라 보이지 않아도 어린이 눈에는 특별한 무늬로 그려진 일들이 있었을 것이다.

시누아이보다 올케아이가 더 사랑스럽다더니 내 한 성씨라서 일까. 조그만 엉덩이를 흔들며 개구쟁이 짓을 하던 모습이 눈에 밟힌다. 조카는 조부모님과 같이 온 여행이지만 그 아이에게는 많은 이야깃거리가 생겼을 게다. 어린 날에 부모를 떠나 여행한다는 것은 많은 정신적 성장과 영양을 공급받을 수 있다는 것을 내 경험으로 알 수 있다. 조카가 훗날 지금 내 나이만큼 먹었을 때 이번 여행이 오래 묵은 한 장의 사진처럼 아름다운 기억으로 남게 되기를 바란다. (2000032575)

내 친구 경자

2000년 4월 16일, 음력 삼월 열이틀이다. 달빛과 벚꽃과 옛 친구를 곁에 두고 잠 못 들어 하는 밤이다.

새벽으로 가는 강변로에는 가로등이 조는 듯 흐르는 듯 줄을 서고 수면 위에는 달빛이 내려앉아 결 고운 흑비단을 깔아놓은 것 같다. 비단 위를 걷는 듯 마음을 한층 부추기는 것은 이 밤 내내 달빛을 받아 화려하면서도 고요해 보이는 벚꽃 무리다. 사르락 사르락 비단 밟는 소리처럼 내 속에서는 끊임없이 내 친구 이야기가 흘러나오고 있다.

경자는 내가 기억할 수 있는 가장 먼 곳에 그 이름이 있다. 유아기부터 시골 초등학교를 졸업하고 도시로 옮겨오기 전까지 그녀와 함께했던 시간이다. 성(城)을 담으로 그 애의 집이 있었고, 운동장 같은 논을 사이에 두고 성 밖에 우리 집이 있었다. 성 위에서 고개를 쭉 빼고 그 애가 곡조를 넣어 '미화야~' 하고 내 이름을 부르면 감나무 뿌리에다 발끝을 세우고 '경자야~' 하며 맞장구

치던 모습이 보인다.

하루도 안 만난 날이 없고 그렇게 붙어살아도 우리집 마당에서 소꿉장난, 묵찌빠, 자치기, 구슬치기, 팔자놀이, 진돌이 등 종일 놀다가 집에 간다고 하면 얼마나 서운하던지. 대문 앞에 두 팔을 벌리고 막아서서 더 놀다 가라고 울곤 하던 생각이 난다.

그 애는 나보다 머리하나 만큼 키가 컸고 손도 두 배쯤 컸다. 그래서인지 또래이기보다 늘 나의 보호자 같았고 또 그 역할을 해주었다. 엄마와 떨어져 있던 내가 어떤 일이든 어려워할 때마다 엄마처럼 언니처럼 쉽게 해결해 주곤 했다. 그리고 집안일이든 바깥일이든 어른 못지않게 유난히 잘하는 특별한 재주가 있었다.

썰물 때면 마을에서 이 삼 백 미터 아래 갯가에 고둥이니 바지락을 캐러 간다. 바닷물이 막 빠져나간 갯바닥은 싸리 빗자루로 쓸어놓은 듯 매끈하다. 그 애는 호미로 두어 번 툭툭 두드려 보고는 이내 앉아서 능숙하게 왼쪽 오른쪽 갈래를 지으며 왼손잡이로 호미질을 한다. 바지락이 호미 끝마다 딸려 나오고 껍질이 하얗고 큰 개조개도 쓱쓱 주워 담는다.

그 모습이 신기해 정신을 놓고 쪼그리고 앉아 있으면 '여기 파봐' 하며 자리를 일러준다. 그 애가 한 것처럼 호미질을 해보지만 바지락은 나오지 않는다. 왼손잡이 흉내를 내봐도 역시 마찬가지다. 구시렁대는 나를 밀치고 달려들어 파면 마찬가지로 호미 끝마다 바지락이 따라 나왔다. 그때는 속도 상했지만 그 아이의 재주에 감탄하곤 했다.

빈 바구니와 호미만 들고 옆에 따라다니다 보면 집에 올 때는 제 것을 내 바구니에 나누어 담아 주었다. 할아버지가 갯바구니를 들여다보시면서 "어디서 이렇게 많이 잡았냐?"고 칭찬을 하실 때마다 내일 경자를 만나 고맙다고 해야지 생각하곤 했다. 그러고도 한 번도 그 말을 해보지 않았는데 어쩌면 그때는 '고맙다'는 말조차 몰랐던 것 같다.

스무 살도 채 되기 전에 그녀는 시집을 갔다. 아들 넷을 낳았고 어느 날 소식이 끊겼다. 그녀가 이 세상에 살아있다는 흔적은 아무데서도 찾을 수가 없었다. 그녀의 남편과 아이들은 잘 살고 있다는데. 내 고향의 한 부분이 어느 날 갑자기 물속으로 가라앉은 것 같은 안타까움과 허전함과 미안함 때문에 그녀를 생각할 때마다 가슴 한 켠에 아리도록 싸늘해진 눈물이 고이곤 했다.

꼭 죽은 줄만 알았던 그녀가 십여 년이 지나 지난해 겨울 살아서 만났다. 서울 인접 도시에서 살고 있다는 소식을 듣고 만날 날을 약속해 두고는 얼마나 가슴 설렜는지. 서울역 대합실에서 처음 그녀의 얼굴을 마주 했을 때 '고맙다'는 말이 비눗방울처럼 오르고 또 올랐다.

그녀는 나이보다 젊어 보였고 생동감이 넘쳤고 예뻤다. 어릴 때도 화려한 것을 좋아해 분꽃 가루를 얼굴에 바르기도 하고 성냥개비를 태워 눈썹을 그리기도 하더니 긴 속눈썹을 단 그녀의 화장한 모습이 아름다웠다. 길게 다듬은 손톱 위에 반짝이 매니큐어를 칠한 모습을 보면서 나는 옛날을 보고 있었다. 여름에 들인 봉숭아 물이 한겨울까지 가면 오래 산다면서 겨울까지 손톱 끝에 빨간 물이 반달모양으로 남아 있다고 자랑하던 그 애가 거기 있었다.

우리는 남쪽으로 가는 기차를 타고 네 시간여 동안 여행했다. 무엇을 먼저 이야기해야 할지 들어야 할지 손을 잡았다 놓았다 하다 보니 네 시간이 후딱 지나가 버렸다. 그녀의 인생에서 수십 년을 접어서 산 것 같은 지난 십 여 년의 인생유전을 들으면서 나는 눈물 넘어가는 소리가 들킬세라 얼마나 긴장했는지 모른다.

우리는 그 후로 석 달마다 시골친구들을 만나기로 약속이 되었고 지난 저녁은 그 친구들을 만난 것이다. 경자는 어릴 때부터 또래들과는 다르게 어른스런 몸짓이며 표정 짓기를 잘했다. 그것이 그녀가 타고 난 '끼'였다는 것을 이제야 알 수 있을 것 같다. 가요든 민요든 그녀만의 특유한 목소리로 부르는 노래는 여태껏 내가 들었던 어떤 노래보다 아름답고 감동적이다. 요즘 그녀는 민요가수로 활동하고 있다고 하니 내가 감동 받는 것이 주관적인 것만은 아닌 것이다.

'사랑은 그가 행복해 하는 양보다 바라보는 내가 조금 더 많이 행복을 느낄 수 있는 것'이라고 생각한다. 내 속을 들여다보니 그녀 자신이 원하는 것은 다 가질 수 있기를 기도할 거고 행복해하는 양보다 두 움큼 더 많이 행복하기를 빌고 있다. 아직도 그녀를 유년 시절 그대로 좋아하고 있다는 것이 참 좋다.

강남에서 자정 가까운 시간에 헤어지며 부천까지 가야하는 경자를 그냥 보낼 수가 없었다. 집에서 자고 있는 남편에게 운전을 부탁해 그녀의 집 앞까지 바래다주고 돌아온 것이다. 더 놀다가라고 팔을 벌려 막아서던 어릴 때 마음이 되살아난 것을 나는 안다.

나는 옆 사람이 궁금한지 귀찮은지 상관도 않고 이 이야기에서 저 이야기로 취해 있었다. 대여섯 살 때 했던 소꿉장난 이야기를 하다가 두어 시간 전에 같이 놀았던 이야기로 삼십 년 전 시골 달밤 아래 놀던 이야기며 다시 생각해 보니 무척 흥분했던 것 같다. 내 마음을 다듬어 주느라고 아차산 벚꽃 길을 돌아와 주는 남편의 배려가 들뜬 마음에 날개를 달아준 것이다. 달밤을 날아다니는 마음이 아침 해를 보고야 가라앉으려나 보다.

이화에 월백하고 은한이 삼경인 제
일지춘심을 자규야 알랴마는
다정도 병인 양하여 잠 못 들어 하노라 (이조년)

칠 백 년 전에도 오늘밤 같았나 보다. 내 마음을 복사해 낸 듯 한 음절도 넘치거나 모자람 없이 그려내 주었을까 싶다. 달빛과 그 빛을 받고 꿈꾸고 있는 벚꽃과 오래된 친구와 내 심정을 대신해주는 시조 한 편을 곁에 두고 보내는 밤이 고맙고 황홀하다.

(2000041676)

남는 사람

위층에서 이삿짐을 싸느라 부산하다. 창을 열고 내려다보니 마당에 고가 사다리차와 빨강색 컨테이너가 떡 버티고 있다. 그녀가 이사를 간단다. 괜히 심통이 난다. 서운한 마음이 변하여 심술이 부글부글 끓어오른다. 집을 팔겠다고 할 때부터 '팔리지 마라'고 바랐던 것 같다. 그런데 집은 팔렸고 오늘 이사를 가게 되었단다. 보내고 또 보내고 이제는 이력이 날 만한데도 떠날 때마다 새로 서운한 것은 웬 심사일까. 2층에 살던 친구도 두어 달 전에 이사를 했으니 이제 동갑내기 친구들이 다 떠나고 나만 남았다. 제일 먼저 이사 와서 늦게까지 남는 이가 되었다.

이 동네 이사 온 지 십일 년째다. 삼십 대 중반에서 마흔 중반이 되었다. 한적한 동네 저층 아파트 2층에 살다가 14층짜리 아파트의 6층에 이사를 왔을 때 당혹스럽던 일들이 생각난다. 유배된 듯 황량한 콘크리트 우리 속에 갇힌 새처럼 어리둥절함과 드디어 고층 아파트 대열에 들었다는 우쭐함이 있었다.

아파트 단지 뒤쪽과 옆쪽은 8차선 대로이고 앞은 강변도로로 둘러싸여 있다. 밤낮 없이 들리는 차 소리에다 하늘에 붕 떠 있는 느낌 때문에 멀미가 나는 듯 속이 울렁거렸다. 거실의 통유리는 내장이 훤히 보이는 물고기처럼 속이 다 들여다보이는 듯 나를 안절부절못하게 만들었다. 엘리베이터에 낯선 사람과 같이 탔을 때의 머쓱함이 견디기 힘들어 신발을 들고 계단을 오르내리기도 했다.

새소리도 닷새를 듣고 나면 그 소리가 들리지 않는다는 말처럼 십 년 넘도록 살고 있으니 이제는 분위기에 익숙해졌다. 속이 비치는 물고기가 된 듯 나를 불안하게 하던 거실의 큰 유리문도 가슴을 후련하게 한다. 요즘 이웃에 새로 들어선 아파트는 키가 훌쩍 더 커 몇 살 터울의 형처럼 우리 아파트를 내려다보고 서 있다. 멀찍이서 우리 동네를 보면 그중 키가 작아 단아한 모습이다. 이제는 몸에 잘 맞는 옷처럼 편하고 정겨운 동네가 되었다.

십여 년 동안 좋은 이웃들도 만났다 헤어졌다. 서른 후반까지 노처녀로 있던 동갑내기가 연인처럼 놀다가 결혼을 하고 다른 동네로 갔다. 그리고 남편이 내 한 성씨라서 올케 같은 편안함으로 여름 밤 집 앞 강가에서 자리를 펴고 앉아 이런 저런 이야기로 밤을 새우던 내 나이 삼십대 말의 추억도 있다. 아래층에서 부추 부침개를 해서 뜨거운 채로 들고 올라오던 선자씨도 이사를 갔다. 다들 사방으로 옮겨가 버렸다.

나는 붙박이다. 처음 만날 때는 고만고만했는데 이웃들은 더 큰

평수의 아파트로 옮겨갔다. 경제적으로 발전하지 못한 것은 나뿐인가 보다. 하지만 원주민이라는 애칭으로 여기 남아 있는 내가 좋다. 오늘의 이 모습으로 앉아 있을 수 있다는 것이 얼마나 감사한지를 알기 때문이다.

이 동네로 이사 올 때 자신과 약속을 했었다. 이 집에서 15년을 살 거라고. 작은아이가 고등학교 마칠 때까지 기간을 계산한 것이었다. 우리 아이들에게 유년의 고향을 만들어 주고 싶었다. 유년시절의 친구들이 여느 때 만난 친구보다도 편하고 정겹다는 것을 안다. 그리고 유년을 거쳐 청소년 시절을 한 곳에 뿌리내릴 수 있게 해준다는 것이 요즘 시대에는 어려운 일이고, 어려운 것은 귀한 것이기도 하다고 생각했다.

그렇게 계획해 15년을 잡았는데 5년 남짓 살았을 때 생활 전부가 뿌리 채 흔들리는 위협을 당했다. 지금도 그때를 생각하면 아찔할 정도로 무척 참담한 상황이었다. 하지만 내가 가진 일상의 어떤 것도 건드리지 않고 태풍이 지나가고 난 뒤에야 많은 것들을 되돌아 볼 수 있었다.

한 집에서 15년을 산다는 것이 마음먹는다고 되는 일이 아니라 운명 같은 것이 작용해야 하는 것이라고 생각하게 되었다. 다행히 작은아이가 고등학교 졸업반이니 15년을 다 채우지 않더라도 일 년만 별 탈 없이 지내면 약속이행은 하는 셈이다.

내가 의도한 대로 이 동네가 아이들에게 고향 같은 안온함을 느길 수 있는 곳으로 자리 잡혔는지는 알 수 없는 일이다. 하지만 세상 어디에 가서 살게 되더라도 돌아가 보고 싶은 마음 자락은 마련되었으리라 믿는다.

유치원생에서 대학생이 되는 시간만큼 수많은 이야기들이 있으니까. 아파트 한 채를 물려주는 것보다 마음의 고향을 만들어주는 것이 더 값지다고 생각하는 것이 미련스런 감상인 줄 안다. 하지만 십 년을 살고도 아파트는 몇 평도 더 넓혀 놓지 못했지만 나로서는 최선이었다.

십 년이 넘게 때가 앉으니 마당의 나무들도 어우러져 우거지고 제철 꽃들이 다투어 저마다 향을 내뿜는 우리 동네가 참 좋다. 천주교 교회에 걸어서 갈 수 있는 곳, 도서관에 걸어서 갈 수 있는 곳에 살고 싶은 게 꿈이었다. 10년을 넘게 한 자리에서 살고 나니 성당도 옆에 와 앉았고 멋진 최신식 도서관도 이웃에 와 앉았다.

잠에서 깨면 은비늘처럼 반짝이는 강물이 내려다보이는 이 공간에서 강변 가로등이 꽃송이로 내려앉는 늦은 밤까지 생활할 수 있는 감사함을 무엇으로 표현하기 어렵다. 항상 남는 사람이지만 이 자리에 남을 수 있어서 행복하다.

마음이 통하는 동갑내기로 7년을 아래 위층에서 산 인연은 몇 억겁의 인연이라 생각된다. 요란스럽게 주고받은 마음이 없는 듯했는데 막상 떠나보내려고 하니 가슴에 커다란 구멍 하나가 생긴다. 떠나는 이는 자신이 가진 자리 네 배의 빈자리를 남긴다더니 그래서일까. 저녁 산책길에 둘이 같이 나서면 '선데이 서울' 수업 중이라며 너절한 주변 야담들을 주고받으며 잠시 정신의 일탈을 누려보는 재미도 만만치 않았다.

슬리퍼 소리를 토닥토닥 내며 계단을 내려와서 포도주 한 잔을 나누어 마시는 여유는 누리기 힘들 것이다. 죽은 사람보다 잊히는 사람이 더 불행하다고 했던가. 비록 거처를 옮겨가더라도 그의 마음속에 나를 품고 가기를 바란다. 나 또한 언제 만나도 복사꽃처럼 화사한 그녀를 안고 있을 거다. 마음속에 그리움의 방 하나를 마련하는 것이 남는 사람의 몫이겠지. (2000042677)

그대 그리고 나

> 푸른 파도를 가르며 흰 돛단배처럼 그대 그리고 나
> 낙엽 떨어진 그 길을 정답게 걸었던 그대 그리고 나…
> 우린 헤어져 서로가 그리운 그대 그리고 나.

쉰을 쑥 넘긴 아저씨가 두 눈을 지그시 감고 감정에 푹 빠져서 노래를 부르는 모습을 보면서 명곡이 따로 없다는 생각을 했다.

토요일 오후, 아이들이 각자 약속이 있다고 나가고 나니 식사 준비할 마음이 나지 않아서 식당을 경영하는 친구네에 들렀다. 친구라고는 하지만 우리 부부보다 10년 가까이 연상인 형 같은 부부다. 이렇게 입맛이 당기지 않을 때나 갑자기 사람이 그리울 때 찾아가면 종일 나만 기다린 사람처럼 반갑게 맞아주는 고마운 이웃이다.

부대찌개에다 식사와 반주로 소주를 같이 곁들였다. 가슴에 진 짐이 서로 달라 이쪽으로든 저쪽으로든 위로가 되어 주기도 하지만 가다오다 보면 똑같이 기분이 흥겨워지고 약간 취기가 돌 때가 있다. 오늘밤도 그런 셈이다.

항상 선비처럼 점잖은 친구 남편인 아저씨가 기분이 좋은지 소주잔을 자주 받더니 '첫사랑' 이야기를 했다. 군복무지에서 몇 번 만나고 기약 없이 헤어진 아가씨가 있었노라고. '참 곱고 단아했던 미스 장'이라나. 아내가 '바가지를 심하게 긁을 때마다 그이였으면 어땠을까' 생각하노라는 이야기였다. 결혼 생활 30년이 다 된 친구는 첫사랑 이야기를 하는 남편 옆에서 '얼씨구 또 미스 장이야' 하면서 맞장구를 쳤다.

토요일 밤이라 마음이 넉넉하다며 내친김에 우리 넷은 노래방엘 갔다. 첫사랑 이야기를 하던 아저씨가 부른 노래가 '그대 그리고 나'였다. 노래 기기에서 나오는 반주나 자막은 무시하고 두 눈을 지그시 감은 채 감정을 담아 부르는 모습을 보면서 조금 전 첫사랑 이야기가 계속되고 있음을 보았다. 그리고 판이 끝날 때쯤 얄밉게 떠난 님아 하며 '배신자'라는 노래를 불렀다. 노래를 부르는 본인은 평소에 좋아하고 즐겨 부르는 노래를 불렀을 게다.

그런데 '첫사랑' 이야기 다음에 그 노래를 들으니 마음속에 숨겨둔 '섬' 하나가 있다는 생각을 했다. 50대 남자의 가슴 한 모퉁이에 자리하고 있는 섬을 보면서 40대 내 남편의 섬은 과연 어떤 모습일까 하는 생각을 해보았다.

남편은 결혼하면서 편지 묶음을 가져 왔다. 십대 후반에서 이십대 초반에 받았던 편지였는데 수십여 통이 되었다. 처음 편지 묶음을 봤을 때는 황당해서 어떻게 처리해야 할 줄을 몰랐다. 전염병 병원균처럼 손가락 끝으로 쭉 밀어봤다가 도로 쌓았다가 그래도 궁금해서 앞 뒤 한두 편을 읽어보았다. 편지 내용을 보고는 차라리 읽지 말 걸 하고 얼마나 후회했는지 모른다.

결혼 초 이웃에 살던 친구는 남편이 옛 연인에게서 받은 한 통의 오래된 편지가 책갈피 속에서 나오는 바람에 사네 안사네 싸웠다는 이야기를 들었다. 그런데 수십 통이나 되고 보니 오히려 담담했다. 날짜별로 정리한 편지 뭉치를 까만 비닐봉지에 꼭꼭 쌌다. 얼굴도 내밀지 말고 냄새도 내지 말고 햇빛도 보지 못하게 싸서 서랍 제일 아래쪽에다 보관한 것이다.

나에게는 병원균 같은 느낌이지만 남편에게는 보석처럼 귀한 추억의 증표가 될 거라는 생각을 했기 때문에 없애버릴 수는 없었다. 어쩌면 내 속에 얄궂은 심보가 발동했다는 게 더 나은 표현일 게다. 전과기록문이 내 손안에 있다는 뭐 그런 거.

결혼한 지 20년을 넘긴 지난해 나는 편지 뭉치를 내다 버렸다. 남편은 그동안 나 몰래 꺼내 보고 싶었을 수도 있고 궁금하기도 했을 텐데 그런 내색을 하지 않았다. 혹 한번 읽어보고 싶다든지 본인이 간직하겠다든지 한다면 내 마음이 어떤 상황이 될지 장담할 수가 없어서 버리겠다는 통보만 하고 없애 버린 것이다. 이십 년 내내 남편과의 사이에 물 위에 기름 한 방울같이 어우러지지 않는 한 부분이 있었던 게 솔직한 마음이다. 아니다 하면서도 질투를 하고 있었던 것을 부인할 수가 없다.

새삼 그 편지 뭉치가 생각나는 것은 그것이 남편에게는 섬이었을 거란 생각이 든다. 꺼내서 읽어보지 않아도 서랍 어디쯤 들어있다는 것만으로도 가슴이 시린 순간마다 곁에 누워있는 마음이었을지도 모른다. 그리고 아저씨 말처럼 아내가 진저리쳐지게 지겨울 때나 너무 편해서 헐겁게 느껴질 때 손끝으로 살며시 끌어 당겨 보고 싶었을지도 모른다. 남자의 마음을 알 수 없으니.

문득 '한 해만 더 기다릴 걸, 그랬다가 고스란히 내 줄 걸' 하는 생각이 든다. 편지지 색깔만 봐도 날짜만 보아도 무슨 말들이 앉아 있는지 편지 주인은 알고 있을 텐데. 되돌아보는 나이로 갈수록 옛것들이 더 새록새록 그리워지고 소중해진다는 것을 이제야 조금 알 것 같다. 20년 동안 보관해 주었는데 일 년을 더 참지 못한 내 졸렬함이 안타깝다. 하긴 아직 그 편지를 가지고 있다면 내 마음이 이리 너그럽지 못할지도 모른다.

새삼 '남자의 사랑'을 생각해 본다. 남자는 첫사랑을 간직하고 여자는 마지막 사랑을 간직한다는 일상적 표현이 맞는 것일까. 한 달만 같이 살아보고 싶은 사람이 있다고 농담처럼 던지던 친구의 말이 농담만은 아니라는 생각이 든다. 보고 싶은 한 사람쯤 가슴에 묻고 살아간다면 거친 일상에 부딪힐 때마다 비켜갈 수 있는 여유가 있지 않을까. 마음 한 자락은 늘 꿈을 꾸기에 그 섬에는 시간도 없고 세월도 먹지 않고 더 이상 자라지도 않는 항상 고만한 모습으로 남아 있을 거니까.

그러고 보니 편지뭉치를 버린 이후 남편의 모습이 부쩍 나이 들어 보였던 건 아닌지 모르겠다. 욕심쟁이 내 모습이 '금고기' 이야기에 나오는 할멈인상은 아닌지 거울을 봐야겠다.

(2000061078)

봄 비

언제쯤 비가 오려나. 봄이 왔다고, 봄이라고 야단들인데 봄비는 오지 않는구나. 지난겨울에도 제대로 눈이 내리지 않았고 봄비도 내리지 않는데 목련나무는 쌀 튀밥을 둘러 쓴 듯 허옇게 꽃송이를 이고 섰구나. 이렇게 잎보다 먼저 일어나는 봄꽃들이 수선을 피우는데 나는 마냥 봄비만 기다리고 앉았다. 비라도 내리면 비 핑계를 대면서 슬그머니 찾아가 보련만. 봄비가 사운사운 내려주면 모르는 척 전화를 할 수 있을 것 같기도 하건만.

'나야! 비가 와서.'

그 말만 하고는 얼마간을 그냥 보내겠지. 긴 침묵이 발등에 내려 찍힐 때 쯤.

'비가 오네, 커피 맛이 괜찮은데….'

그리고 또 그만이겠지. 단 한마디씩 주고받고 나면 내려놓을 수화기인데 그 한마디만 하면 지난해 이맘때부터 삼백칠십여 일 마르고 마른 가슴이 금세 촉촉해질 텐데 왜 비가 오지 않는 걸까.

우리가 언제 만났는지 기억하고 있는지 모르겠네. 내가 너를 만난 건 스물일곱 살 십일월이었다. 십일월 어느 해질녘 올해 스물세 살 먹은 너의 아들이 두 살배기였을 때 어린이 놀이터에서 만났지. 그랬다. 나는 그때 너를 만났는데 어쩌면 너는 아직도 나를 만난 적이 없을지도 모르지.

기와집이 열을 지어 앉은 아담한 동네였지. 대문 안 마당마다 목련이 화사하게 피고 라일락 향이 흐드러져 꽃향내 속에서 잠을 자고 잠을 깨던 서교동에서 처음 만났지. 신혼방이란 게 햇빛도 들지 않는 한옥 뒷방이었지만 그 동네 꽃향기는 우리가 다 차지해 즐기던 그곳 생각나제. 아이를 등에 업고 종로 3가 어느 극장에 갔던 일이 왜 어제 같은지. 그때 우리가 무슨 영화를 봤는지 기억나니.

개포동으로 옮겨온 나를 만나러 두 아이를 업고 걸리고 왔다가 돌아가던 너의 뒷모습이 왜 내 마음 문틈에 한 자락이 끼어들 때나 날 때나 걸리는지 모르겠다. 고구마처럼 생긴 서울이라는 곳에 대각선 위치로 우리는 자리를 옮겨 앉았지. 너는 두 시간 들여 나를 보러 왔다가 두 시간 마주 앉았다가 두 시간 걸려 남편보다 먼저 도착해야 한다며 허겁지겁 달려갔었지.

먼 길을 온 너에게 따뜻한 밥을 먹여 보내고 싶었고, 돌아서서 밥을 푸는 게 불만처럼 '술이나 한잔' 하자며 채근했지만 '머리 나쁜 여자'라며 짜증을 내도 끝까지 나는 밥상을 차리는데 최선을 다

했다. 그리고 좀 더 거리를 좁혀 자리를 잡았고, 신문에 발표되는 지하철역을 세고 또 세어보곤 했다. 몇 개의 역이 줄어들었다는 게 우리를 행복하게 하던 그런 때도 있었다.

되돌아보니 항상 네가 나를 보러 왔었다. 그 길이 얼마나 다니기 힘들고 먼 곳인지를 계산하지 않았다. 그러나 돌아갈 때 너의 눈빛은 허전해하고 허기진 모습이었기에 보내고 남은 나는 그 밤 내내 외로웠다. 그렇게 허기져 하던 눈빛의 의미를 알 것 같구나. 너의 그리움의 빈 배를 채우기엔 내 입김이 너무 빈약했었다는 걸 이제야 눈치 채다니. 역시 나는 머리 나쁜 여자인 게 틀림없나 보다.

미안하다. 미안하다. 미안하다.

지난겨울에는 시몬느 보바르의 『제2의 性』을 읽었다. 숙제하듯 밑줄을 그어가며 겨울 내내 이 책으로 보냈다. 『제2의 性』을 읽는 내내 너를 생각했다. 그랬었잖아. 나중에 철학에 좀 더 식견이 생기고 시간이 넉넉해지면 공부하듯 다시 한 번 읽자며 미루어 두었던 거. '여자는 태어나는 것이 아니라 만들어진다'는 그 한마디만 듣고 '여자로 살지 말고 인간으로 살자'며 시립도서관 서고에 꽂힌 책들을 스펀지가 물을 빨아 당기 듯 읽어 치운 삼십대가 있었지. 세수할 시간도, 양치질 할 시간도 아끼고 머리 간수할 시간 줄인다고 보자기 쓰고 앉아 집에서 서로의 머리카락을 자르던 일들 기억나나.

장 그로니에의 『섬』을 읽고 머릿속이 하얘졌다며 한밤중에 통화가 시작되어 아침을 맞았지. 잠시 아이들 학교 보내고 한마디 덜 한 얘기한다며 전화기 들어 학교 간 아이 하교하는 문소리 듣고 수화기 내려놓던 일들도 비일비재 했제. 그때 나눈 이야기들은 무슨 내용이었을까. 책 이야기, 작가 이야기, 시댁 이야기, 사랑 이야기에다 상상임신 이야기까지….

잠정적인 약속도 몇 가지나 되는 것 안 잊었제. 마르케스의 『백년 동안의 사랑』의 마지막 장면처럼 이성간은 아니지만 70살이 되면 일상을 덮고 여행을 가보자고 했던 약속 같은 말들. 그리고 세상의 거의 모든 문학과 철학을 관장하는 남성(男性)들의 변(辯)에 의하면 '여자들은 우정(友情)이 없다. 사랑 앞에서는 화장실 휴지처럼 녹아버리는 것이 여자들 우정(友情)이다'라고 하는데 여성도 우정이 있음을 확인해 보이자고 어설픈 각설을 늘어놓기도 했제. 그렇게 많은 시간 수다를 떨면서도 인간으로 살겠다며 남편, 아이 이야기는 애써 피해가던 모습, 그것이 자존심이라고 생각하기도 했지.

지난주에는 색다른 제목의 소설을 읽었다. 『사랑을 선택하는 특별한 기준』이라는 책이었다. '쾅' 쇳소리가 울리도록 현관문을 닫고 너의 집을 나오던 내 모습을 자신도 정확한 이유를 댈 수 없었다. '화'가 났을 뿐이었다. 그런데 해답이 그 책 속에 있더라.

> 너에게 소중하고 가치 있는 사람이 되고 싶었고 바로 그 욕망이 좌절당했기 때문에 그토록 분노했던 것이다.

이십여 년 지내오면서 너의 어떤 부분도 내가 들어설 자리가 없었음을 확인했기 때문이라는 것을 이제 알았다. 근간에 알게 되었다는 이웃에 사는 친구가 쑥 들어서서 냉장고 문을 열고는 갖가지 간식거리를 척척 챙겨 넣던 모습에서 나는 질투를 하고 있었던 거다. 선뜻 기백만 원을 통장에 넣을 만큼 마음도 넉넉지 못하고 사소한 일상의 한 귀퉁이에도 내 손길이 미칠 힘이 부족하다는 것을 알았다.

그동안 어쭙잖게 너에게 내밀었던 손들이 유치하고 부끄러워서 너를 더 이상 볼 수가 없었다. 우스운 모습보다 부끄러운 모습이 몇 배 더 무거워 그럴 수밖에 없었다. 너에게 부끄러워서 나 자신에게 분노하고 있다는 것을 이제는 명확하게 안다. '앞으로 삼년 동안 연락하지 마라. 삼 년이 지나고도 할 말이 남거든 그때 다시 만나자'며 너의 집 문을 닫고 나왔다. 몇 년 전 내 삶이 끝없이 추락한다고 느낄 때 모든 병원식구들이 잠든 시간에 너는 전화에 대고 낮은 목소리로 그랬제.

"내가 옆에 있을게."

그런데 너의 생애에서 가장 무거운 일상을 보낸 한 해 였을텐데 나는 돌아앉아 있었다. 놀 때만 같이 놀고 힘들 때 도망 나온 내 모습이 우습다. 그 봄도 가고 여름, 가을 가고 겨울도 가고 또 같은 봄이 왔구나. 봄이 와서일까, 왜 이리 보고 싶은가. 너에게 해야 할 말들이 수없이 많은데 어쩌면 딱 한 번 너의 그 눈빛만 봐도 괜찮을 것 같은데.

지난겨울에 읽었던 『제2의 性』이 머릿속에서 발효되지 못해 가슴속으로 내려오지를 못하고 있다. 두서없이 주고받았던 말들이 우리들 머릿속에 든 생 똥 같은 지식을 발효시키는 발효제가 되었다는 것을 새삼 알겠다. 백아절현(伯牙絶絃)을 들먹일 만큼 거창하지는 않지만 '나중에' 하고 미루어 두었던 책을 혼자 읽고 나니 그렇게 싱거울 수가 없다. 백아절현(伯牙絶絃)의 기분을 조금 알 것 같단다.

30년 전부터 팔고 있는 고구마 과자 한 봉지 가방에 넣고 소풍을 나설 수 있는 친구 한 사람만 있다면 이렇게 봄비가 오지 않아도 더 가뭄이 들어도 목마르지 않을 것 같은데. 세수할 시간마저 아껴 모은 하루를 인적 드문 숲 속에 누워 나뭇가지 사이로 하늘이 배경이 되는 그림을 올려다보며 고구마 과자를 입안이 텁텁하도록 씹으며 보낼 수 있다면. "나는 십만 명 중에 한 명 나오는 인물이고 너는 열 명 중 두 명에 해당되는 인물"이라고 떠벌리던 너의 그 말이 맞다는 것을 알겠구나. 그래 너 만한 친구를 다시 만나지 못하는 것은 내가 만난 사람이 십만 명을 넘지 못한 탓인 이유를 알고 나니 차라리 포기하는 게 나을 것 같네.

왜 이리 봄비가 내리지 않는가. 골프를 쳐야 친구가 되겠다는 이, 고스톱을 쳐야 같이 놀아주겠다는 이들과 몇 시간을 보내고 나면 가슴은 더 갑갑해 오고 그럴 때마다 네가 더 그립다. 그래서인지 꿈에서 본 듯 아닌 듯 마음이 허전하다. 무슨 안 좋은 일이 있는 건 아니겠지. 봄비 대신 내가 울어버릴까 보다. 울고 싶은 것 하나도 안 참고 울어버리고 나면 가슴속 봄 가뭄이 해소되려나. 한 귀퉁이에 휑하게 모래바람이 지나다니고 있을 너의 가슴에까지 습기가 전해질까. (2002031585)

겨울비

한밤중이 지나면서 사뿐 사뿐 눈이 내리기 시작하였다. 한 주먹 가득 움켜진 밀가루를 다섯 손가락 쫙 벌리고 흩뿌리는 것처럼 그렇게 내리는데. 어느새 새벽을 밀어내고 온 세상이 하얀 절벽으로 변해버렸다.

고층 아파트에서 처음으로 눈 쌓인 마당을 내려다보았을 때 나란히 주차된 승용차들이 마치 장의차가 도열해 있는 것 같아서 섬찟했는데. 올해도 첫눈이 온 아침 마당에는 어김없이 장의차로 변장한 차들이 누군가를 데려가야만 하는 의무를 띤 것처럼 줄지어 있다. 흰 눈이 내리기 시작한 시각 그의 동네에는 아마 비가 내렸을 거다. 제 발자국 소리 들킬까봐 빗소리에 숨겨 뚜벅뚜벅 왔다가 그의 가슴에 일 년 동안 자란 날카로운 손톱으로 커다란 구멍을 후벼 파놓고 갔겠지.

그새 일 년이 지나고 다시 그날이 왔다. 오십여 년 만에 가장 끔찍한 말을 들었던 그날이 첫눈과 함께 왔다. 그날도 중부지방에는 눈이 오고 남쪽에는 비가 왔었는데. 머릿속이 하얘져 아무 느낌조차 없이 의례적인 인사를 치르고 돌아서 오는 길엔 부슬부슬 겨울비가 종일 내리고 있었다. 북쪽으로 오면서 비는 눈으로 변했다. 중부지방에 들어서면서는 폭설로 변해 어릴 때 보았던 상여 앞뒤에서 바람에 휘둘리던 만장같이 차창밖에 휘날리고 있었다.

그 순간 왜 열 살 이전의 우리들 모습이 너무도 생생하게 유리창에 사진이 되어 펼쳐져 보였는지. 꽃상여가 나가고 종을 흔들며 혼을 달래는 상여가가 있었고, 색색깔의 사탕과 무지개색 떡이 있었지. 유난히 커다란 눈이 겁에 질러 꽃상여에 신기해하던 그의 모습이 있었다. 아무리 기억해 내도 화를 내거나 짜증스런 모습이 생각나지 않는데. 언제나 활짝 핀 나팔꽃처럼 웃고 있는 표정이었는데.

그의 하얀 손도 부러워했고, 사슴 눈처럼 커다란 쌍꺼풀진 눈도 부러웠다. 언제나 나팔꽃처럼 웃는 모습이 너무나 예뻐서 시기했는데. 아무도 미워하지 못하는 성품과 누구에게나 좋은 인상을 주는 것도 그의 전유물이지. 가장 심술났던 것은 지금 그에게 진정한 친구가 있다는 사실이었는데. 심술을 부려서일까. 아니면 가진 게 많아서 조금 들어낸다는 게 실수를 저지른 건가. 이렇게 어울리지 않는 일은 아마 누군가의 착오에 의해 일어난 일일 것이다.

하지만 어디서도 수정받을 수 없는 일이라는 것을 알기에 화가 나고 또 화가 난다. 누구에게 기도하기조차 싫은 억하심정이다. 분노와 배신감에 화가 치밀어서 가만 있으면 가슴이 굳어 버릴 것 같아서 정신없이 헤매고 다닌 한 해였다.

한라산에서부터 백두산까지, 보길도부터 울릉도까지 주말마다 혼이 나간 사람처럼 길을 떠난 한 해였다. 겨울비에 젖은 가슴을 말리려고 헤매고 다닌 일 년이었다. 차라리 그를 다시 못 보는 세상으로 보냈다면 내 마음만 정리하면 된다. 내 가슴 깊숙이 목소리, 큰 눈을 묻고 그리울 때 혼자 불러보면 옆에 와 앉아 있을 것 같은데.

전화 한 통화도 할 수 없다. 그이가 속내를 감추고 애써 태연한 척 연기하게 할 수도 없고 적당한 인사말도 떠오르지 않는다. 별일 없냐? 잘 지내냐? 어때? 그 어느 말도 해당되지 않은 이 이상한 처지를 감당하기 어렵다. 차라리 아무나 붙들고 '왜 나만 당하냐고' 발부둥치고 속내를 드러내 놓으면 달래는 척할 수도 있으련만. 까맣게 재로 채워져 있을 그 속을 짐작하니 차라리 외면해 버리고픈 마음이다.

다시 겨울이 오고, 눈이 내리고 그 동네는 어김없이 비가 내리는 날. 그이와 하늘과 땅이 붙도록 술을 마시고 목이 잠겨 더 이상 소리 내지 못 할 지경까지 울어버리고 나면 상처에 엷은 딱지가 앉을라나. 상처 딱지 아래 누런 고름이 고이더라도 더 이상 외부로 진물이 덜 흐를라나.

첫눈이 왔다고 전화에 메시지가 오는데 갖가지 아름다운 얘기들이 오는데. 자식이 부모에게 가장 나중까지 해줄 수 있는 일이 기다림이라 했다. 그런데 다시는 기다려 줄 수 있는 여지마저 가져가버린 허망함을 어쩌고 있는지. 금방 문 밖에서 스물두 살 먹은 사내가 '엄마' 하고 부르며 들어설 것 같은….

지난 삼백육십여 일 발바닥을 찌르며 하루하루가 지나가더니 또 그날이 왔다갔다. 그 겨울에 내린 비가 언 채로 가슴에 쌓여 얼음 심장으로 살아갈 그를 생각하며 또 가방을 주섬주섬 싸 든다.

(2003120798)

무늬만 수박

냉장고 문을 여니 캔 맥주 하나가 덩그러니 앉아있다. 손에 들었다가 캔에서 전해지는 차가움이 섬뜩하여 도로 놓고 냉장고 문을 닫는다. 화장실 문을 연다. 세면대 아래 연두색 사기요강이 앉아있다. 뚜껑은 저만치 나동그라진 채 요강 가득 물을 담고 있다. 화장실 문을 잡아 채 듯 닫고 돌아 나온다.

거실 의자에 몸을 던지듯 눌러 앉는다. 안개가 낀 듯 뿌연 눈앞에 기차에 앉아 멀미약에 취해 고개가 폭 꼬부라진 부모님 모습이 보인다. 어른들이 지난 6주간 서울 생활을 꿈인 듯 생시인 듯 되짚고 있는 모습을 떠올리니 갑자기 안개는 소나기가 되어 쏟아진다.

간식으로 술을 드시던 아버지가 캔 맥주 한 개를 두 잔에 나누어 부어 같이 마시자고 했는데, 막걸리 한 병 따서 주거니 받거니 하고 싶어서 두 잔 따라 놓고 권할 때 그 마음 다 알면서 번번이 거절했던 게 가슴에 눈물주머니로 달리게 될 줄 몰랐다. 흔쾌히 받아 마시고 기분 맞춰 줄 수도 있었는데. 드시다 남은 한 개 맥주 캔의 차가움이 오랫동안 냉장고에 앉아 나를 벌세울 것이다. 자청해서 벌을 서겠지. 맥주 캔만큼 빳빳하고 차갑던 손의 감촉까지 기억시키면서.

어머니 모시고 병원 가기로 한 날이었다. 속으론 가지 못하겠다고 주저앉기를 바라는 마음이었다. 처음 가는 길이어서 주춤거려지기도 했지만 혹 장기간 입원치료를 요한다든지 다른 의견이 있으면 어쩌나하는 생각에서 벗어날 수 없었다. 병원에 전화를 하고 내원 준비하면서도 이제나 저제나 그만두기를 바랐다. 드디어 어머니는 병원에 못 가겠다고 손을 내저었고 이때를 놓칠세라 냉큼 못 가게 되었다고 병원에다 전화까지 했다.

겉치레로 한 번 더 병원 안 가도 되겠냐고 다짐하는 말에 대답은 않고 신발을 찾으시는 모습에서 속마음을 알아챈 척했다. 그날따라 이사 온 지 14년 만에 처음으로 엘리베이터 교체 공사 중이었다. 혼자선 화장실 출입도 불편한 어른을 부축해 100개의 계단을 오르내려야 했다. 이중적인 내 마음 때문에 벌을 받는 거라고. 한 계단마다 주기도문을 외고 있었다.

부모님의 서울행은 거창한 계획 하에 이루어졌다. 수술 후 회복이 늦어지는 어머니를 위해 식사와 운동, 나들이 계획까지 세우고 모셔왔다. 그런데 어머니는 오는 날 현관문 앞에서 넘어져서 혼자서 움직이기 힘들게 되었다. 회복은커녕 병을 더 얻으신 것이다.

모든 계획들은 무산되었고 예상보다 더 힘든 일상이 시작되었다.

마음먹고 시작한 일이었지만 무질서하게 전개되는 일상에 몸도 마음도 적응하기 힘들었다. 그럴 때마다 지난날에 대한 원망이 떠올라 이 상황을 받아들이기 싫었다. 엄마를 그립게 했던 유년 시절, 딸이라고 차별 대우했던 청소년 시절 등등. 수없이 많은 말들이 서로 먼저 세상 밖으로 나오려고 가슴 속에서 올라와 목줄기에 주렁주렁 진을 치고 혀끝에서도 아우성이다.

한마디 겨우 달래서 목 너머로 밀어내리고 나면 금세 또 혀끝에 맺히는 말방울들. 송곳 같은 말 갈퀴들을 주기도문에다 숨겼다. 그러다가도 이성이 느슨한 틈을 타 옛날 어머니 젊어서 하던 말을 한 칼씩 꺼내서 들이대는 잔인함을 저질렀다. '그때 그러지 않았냐고.' 하지만 어머니는 목구멍에서 내뱉는 된소리의 의미를 제대로 못 알아들은 듯 별 반응이 없이 지나가 다행인 적이 몇 번인지 모른다.

한 달쯤 지나가면서 밥상이며 일상생활 습관에 겨우 익숙해지기 시작했다. 무슨 음식이든 맛나게 잡수시던 젊은 시절 모습만 생각하고 싫어하는 음식은 없는 줄 알았다. 그런데 전혀 안 드시는 것도 있고 먹긴 하지만 싫어하는 음식도 많았다. 부모님이 알고 있는 내가 아니 듯 부모님의 여러 부분에 대해 모르고 있다는 것을 알게 되었다. 결혼하면서 떠나온 25살 이전의 내가 변한 만큼 부모님 역시 장년에서 노년으로 바뀐 것을 장시간 같이 생활하면서 알게 된 것이다.

시어른들을 모시고 사는 친구들이 온갖 어려움을 털어놓을 때마다 이해하는 척 위로하는 척했다. 하지만 속으론 저건 아닌데 하고 생각했던 일들이 얼마나 미안한지. 20년이란 세대 차이에서 오는 의견 대립은 차라리 덮고 넘어가는 편이 최선인 경우가 허다하다는 것을 겪어보고야 알게 되었다. 의사가 통하지 않을 바에야 표현하지 않는 게 낫다고 생각했다. 그럴 때마다 속으로 주기도문을 외고 있다는 것을 어른들은 모르실 거다. 설사 안다고 하더라도 당신들 위한 기도가 아니라 내 혀 단속을 위해서라는 건 상상도 못하겠지.

무늬만 효녀인 내 이중성이 거울에 비친다면 마른날 벼락 맞을 양이다. '내가 짜증냈던 일들일랑 다 잊어버리고 편안한 마음으로 내려가시라'고 헤어지는 순간까지 협박을 하고 있었다. 이런 내막은 덮인 채 남쪽에서는 '효녀' 이야기가 떠다니겠지. 부모님은 서운하고 아쉬웠던 건 한마디도 언급하지 않을 거고 호박에 줄무늬 긋는 말만 하고 계실 걸. 내가 지은 불효의 벌로 올 여름 남쪽에서 오는 바람은 내 이마에 와서 뜨거운 김으로 부딪힐 거다.

이모님 전화에서 '고맙다'는 말을 들었을 때 움찔하며 부끄러웠던 것은 아직 양심이 조금 남아 있다는 증거가 되려나. 내 속에 양심의 씨앗이 한 톨이라도 남았다면 수박 무늬 속 호박 맛에 단맛을 키우는 거름으로 사용될 수 있기를…. (20050530108)

돈키호테와 올렌카

소설 「돈키호테」의 주인공 돈키호테는 낡은 투구와 망가진 갑옷을 입고 닳아빠진 창과 방패를 들고 늙은 말 로시난테를 타고 편력의 길을 나선다. 52장에 걸쳐 펼쳐지는 돈키호테의 갖가지 편력은 소설을 읽는 동안은 희극적인 인물로 보인다. 그러나 책을 덮고 나면 돈키호테의 편력 인생은 가슴을 아리게 하는 비극적 인물로 남는다. 그의 인생은 무언가를 위해 떠나는 것이고 떠남 뒤의 고통을 통해 깨달음의 과정을 밟아가는 것을 볼 수 있다.

도서관을 찾은 지 20년 만에 친구는 '돈키호테'가 되었다. 이십대 중반에 만나 골목 친구로 지내다 서른 막 올라서면서 둘이 같이 독서회에 나가게 되었다. 독서회에서 처음 읽었던 책은 『이방인』이었다. 『이방인』의 주인공 '뫼르쇠오'는 바로 친구의 모습이었다. 뫼르쇠오는 부조리를 대표하는 인물이라고 한다. 그런데 『이방인』을 다 읽고 덮는 순간 '이 인물은 실존한다. 그 친구다.'라는 생각을 했다.

만난 지 얼마 되지 않아 속속들이 성격을 알지는 못했다. 오히려 상대에게서 받는 막연한 느낌이 소설 속 인물을 통해서 확실한 모습으로 정리 되어졌다. 일상에서 놀 때는 여태껏 내가 만났던 사람들과는 다르다는 인상이었다. 그것이 무엇인지 어디서 연유하는지는 모르는 상태였다. 그런데 이방인이라고 이름 붙여진 인물이 바로 옆에 있는 친구이며 그가 부조리한 인물의 전형이라는 점이다. 소설 속 인물이 실존한다는 사실이 신기했다.

얼마 후 러시아의 작가 체홉의 단편집을 읽었는데 그이는 나에게 '귀여운 여자'의 주인공 '올렌카'가 '딱'이라고 했다. 올렌카는 새로 만나는 상대마다 사랑하지 않고는 못 배기는 여자로 그려져 있다. 지조도 없고 철학도 없는 갈대 같은 여성의 표상으로 올렌카를 떠올린다. 처음 '올렌카가 바로 너다'라고 했을 때 기분이 별로 좋지 않았다. 그때는 나 또한 올렌카에 대해 부정적 이미지만 가지고 있었다.

아니다하면서도 자꾸 예언에 맞추어가는 것이 사람의 심리라고 하는 것처럼 올렌카를 닮은 나를 한 겹씩 발견하기 시작했다. 어느새 올렌카를 긍정적인 면에서 해석하고 그와 한 편이 되려고 애쓰는 나를 본다. 오는 사람 막지 않고 가는 사람 붙잡지 않으며 주어진 환경에 최선을 다하니 나는 올렌카이지 않는가.

처음부터 평범하지 않는 인물을 갖다 대며 서로 '너는 이거다' 맞장구를 치며 독서 편력은 시작되었다. 어쩌면 그 재미로 책을 읽었는지 모른다. 소설 속 인물은 늘 특이할 수밖에 없는데 더 이상한 인물을 만날 때마다 뫼르쇠오와 올렌카 중 어느 쪽으로 더 닮았을까 견주는 게 버릇처럼 깔려 있었다. 그리고 30, 40대 20년이 흘렀다.

그동안 우리들의 일상은 평범하지 못했고 때로는 죽음보다 더 어두운 터널을 간신히 빠져나왔다. 어두운 터널 속에서도 분명 터널의 끝이 있다는 확신을 주었던 것은 책이었다. 따로 취미를 가질 수 있는 시간이 없어서 책을 읽었다. '우리나라는 돈 없는 사람은 책도 못 읽는다.'는 기사가 나긴 했지만 아줌마가 읽을 만한 책은 충분히 갖춘 도서관이 동네에 있었다.

20년 지나오는 동안 뫼르소오는 돈키호테가 되었는데 올렌카는 그대로 올렌카이다. 앞으로 20년 후 일흔에도 비슷한 모습일 것이다. 그것은 인간이 지닌 의식의 크기에서 오는 것을 안다. 무한히 변화할 수 있는 열려있는 의식과 무엇을 담아도 한 색깔밖에 드러낼 줄 모르는 닫혀진 의식 소유자의 차이다. 어차피 세상은 구색이 맞도록 분포되어 있다고 믿는다면 내가 올렌카의 의식으로 태어나 그대로 죽는 것도 다행이다. 또 뫼르쇠오에서 돈키호테로 또 다른 의식을 가진 인물로 변화하는 의식을 곁에서 볼 수 있는 것도 행복한 일이다.

뫼르쇠오에서 돈키호테가 되어있는 친구가 20년 후 일흔에 이르면 어떤 모습일까. 요즘은 불교서적에 빠져있다고 하니 아마 불경

속에 나오는 가장 낭만적인 보살 모습을 하고 있지나 않을는지. 20년 후 또 한 번 '누구와 올렌카'라는 글을 쓰고 있는 모습 생각하면 더 행복해진다.

내가 보기엔 돈키호테와 올렌카는 닮은 점이 없다는 것이 특징이다. 딱 한 가지 닮은 점은 둘 다 무모하리만치 순수하다는 점이다. 친구와 나도 닮은 점을 찾기는 어렵다. 혹시 친구와 30년 지기가 되는 것은 그 한 가지 닮은 점 때문이었으면 좋겠다.

올렌카는 가을 내내 사랑 하느라 정신없이 보낼 것이다. 일상에 와 닿는 이웃들을 사랑 하려고 노력할 것이고 손에 닿지 않는 하나의 사랑을 향해 '보고 싶다'를 외며 이 계절의 고개를 넘어가겠지.

자기를 둘러싼 작고 초라한 세상을 잊기 위해 가슴 속에 간직하고 있던 몽상의 세상을 현실 속에서 실현하려는 돈키호테이다. 그에게 지금 전화하면 로시난테를 타고 태종대를 향해 달리고 있을지 모른다. 이 가을에는 꼭 태종대에 가서 태종이 앉아서 얻은 명상을 엿보는 게 계획이라고 했으니. (20050825111)

미친 4월

아파트가 들어선 지 20년에 가까워져 오니 마당의 나무들도 스무 살을 훌쩍 넘기고 있나 보다. 이곳으로 옮겨 심을 때 이미 몇 살 먹었을 시간을 계산하면 서른이 넘은 나무들도 더러 있지 싶다.

담벼락에 피는 개나리, 화단 앞에 색색깔의 진달래, 아파트 옆구리마다 목련, 라일락, 늘어선 벚꽃 행렬 등. 초봄부터 이른 여름까지 나누어 필 꽃들이 4월 초순에 몽땅 다 피어버렸다.

개나리는 이미 꽃잎 반 연두 잎 반으로 변했다. 목련은 송이째 떨어져 누운 모양새가 흉측스럽다고 흉을 봤더니 속이 상했나, 올봄에는 아예 떨어지지도 않고 나뭇가지에 달린 채 까맣게 타고 있다. 진달래는 물기가 모자란 건지 햇볕이 너무 뜨거워서인지 습자지로 만든 조화처럼 생기를 잃었다. 오월의 노래에 어김없이 등장하던 라일락도 이미 내보일 수 있는 건 다 내보인다는 자세로 흐드러졌다.

자정이 지나 자리에 누웠다가 두런두런거리는 소리랑 스멀스멀

거리는 향내에 못 이겨 자리를 박찼다. 아파트 마당에 내려서니 두런거리던 소리와 스멀거리던 향내가 일제히 숨을 죽인다. 고요하다. 적막하다.

순찰병처럼 아파트 주변을 한 바퀴 돌아들어올 셈으로 발자국 소리를 죽이며 걷는다. 온갖 꽃 냄새가 뒤섞여 도무지 이름 지을 수 없는 향내다. 그런데 밤 분위기만큼 꽃향기도 차분하다. 인기척과 각종 소음들이 수그러드니 꽃향기마다 제 길을 찾았나.

나무 키 따라 성격 따라 솔솔 향이 나는 길이 정해져 있다. 이만치는 진달래 향, 조금 더 가니 라일락 향내, 또 저만치 가니 배꽃 나무 서너 그루가 가지에 온통 하얀 꽃을 둘둘 감고 배 향기를 내고 있다. 나름대로 구역을 정했나 보다. '춘소일각치천금(春宵一刻値千金)'이란 말을 누군가 오늘 밤에 떠올렸을 거라는 생각을 해본다.

하지만 이렇게 화려한 꽃들이 만발하는 4월을 보지 못하고 다음 세계로 옮겨간 손위 동서 생각이 난다. 30년 가깝게 형제로 살았는데 이 봄꽃을 같이 본 적이 없다. 꽃무늬 놓여진 팬티 한 장도 진달래 무늬 머플러도 선물로 드리지 못했다. 30년 세월이 언제 흘러가 버렸는지.

가을인 추석과 겨울은 설, 여름에는 시어머니 제사 등 다른 계절에는 더러 만나곤 했는데. 서울과 부산으로 떨어져 사는 관계로 유독 대소사가 한 건도 없었던 이유로 봄엔 만날 기회가 닿지 않았다. 아이들 책가방 수발이 끝나면 형님들 모시고 봄놀이 꽃놀이도 가야지 하고 계획했었다. 하지만 이미 그 봄은 끝나고 이승에서 만날 겨를은 없어졌으니.

꽃으로 넘치는 4월 속에서 형님의 49제를 맞는 마음에 화가 치민다. 미친 4월. 누군가 없어지면 한 송이 꽃이 덜 피어야지 더 화려하게 난리를 친다니까. '꽃은 나무의 눈물'이라는 시의 구절처럼 겨울을 지나오면서 젊어 삶을 덮은 가슴들이 꽃에 입김을 불어넣는지도 모르지. 나무를 통해 대신 울어달라고 부탁했는지도. 그래서 올 봄은 동서의 눈물을 먹고 꽃들이 온통 더 난리인지도.

해마다 조금씩 봄은 짧아지고 꽃은 이미 제 질서를 잊어버리고 바람에 맡겨 될 대로 되라는 심보처럼 보인다. 어느 날 한꺼번에 짚불 타듯이 와르르 피었다가 화들짝 져버리는 4월의 미친 꽃 잔치 속에서 오히려 진한 우울의 향기가 가슴을 누른다.

(20080414145)

진짜 진주의 시절

TV에서 진행하는 '위대한 탄생'이라는 음악 오디션 프로그램을 관심 있게 시청한다. 멘토 다섯 명과 수많은 멘티들이 출연하여 치열하게 경합을 벌인다. 그 프로그램을 시청할 때마다 느끼는 것은 참 좋은 세상이라는 생각과 부러움이다. 막연한 꿈에 재능이 무엇인지조차 모른 채 보낸 나의 스무 살이 보이기 때문이다. 분명 내 속에도 하고 싶은 일, 잘할 수 있는 일들이 있었지만 고집하지 못하고 부모님이 제시하는 방향대로 걸어왔다.

마흔 이전까지는 내 삶의 멘토는 부모님이었다. 일상적인 일은 어머니였고 정신적인 힘은 아버지였다. 간장을 담그면 전화기를 들고 어머니가 일러주는 대로 메주를 씻고 소금물을 풀고 동전을 띄우고 했다. 옆구리가 결리면 '그래, 그 나이엔 그럴 때가 있다.'라는 어머니 한 말씀으로 며칠 지나면 어느샌가 증상이 사라지곤 했다. 그런데 언제부터인가 전화로 받던 어머니의 조언은 인터넷 상에 사진까지 덧붙여 설명되어 있기에 적당히 보다 더 상세한 도움을 얻을 수 있게 되었다. 그러니 일상사는 인터넷이 담당을 하게 되었고 어머니 또한 무엇을 일러주기엔 노쇠하였다.

아버지는 결혼 전날 밤 막걸리 잔을 건네며 '두 달만 살아보고 아니다 싶으면 그만두라'고 하셨다. 내가 선택한 결혼에 마뜩찮음과 책임감을 그런 식으로 강조하신 걸 알기에 자존심을 걸었다. 어느새 두 달을 넘겨 20여 년을 살았으니 자존심도 유효기간이 다 되어갈 즈음 내 나이 마흔.

마흔 고개에 올라 인생의 최고점에 다다랐다고 흥분해 있을 때 오십에 막 올라서서 바람에 나부끼는 깃발 하나를 들고 서 있는 한 사람을 발견했다. 십일 년을 먼저 걸어가는 사람. 그의 깃발에는 아무런 문장도 상징하는 그림도 없다. 그렇다고 어떤 색깔을 띠고 있지도 않다. 나에게만 보이는 깃발이다. 어느 가요 가사처럼 내 눈에만 보이는 것이다.

목표점이 무언지 뚜렷하지 않지만 깃발이 꽂혀 있는 곳 깃발을 보고 가기만 하면 된다는 안정감을 얻게 되었다는 것이다. 앞으로의 삶의 여정에서는 저 모습으로만 닮으려 노력하면서 가면 되겠다는 확신 같은 것이었다. 한 걸음 다가가면 다음 한 걸음을 내딛으며 나를 인도한다. 그러니 잡혀지지도 좁혀지지도 않는 간격으로 늘 그만큼 떨어진 곳에서 그냥 꽂혀있을 뿐이다. 사실 상대는 내가 삶의 멘토로 생각하리라고는 상상 못할 것이다.

40대에 내 손전화기 배경화면에는 '시처럼 살자'라는 경구가 있었다. 그것이 깃발이 내게 보여준 문장(紋章)이었기 때문이다. 그로 인해 40대 십년 동안 모든 일상은 '시처럼'에서 마침표를 찍게 되었다. 50대는 '無光으로 빛나는 時節'이라며 그가 한마디 던졌다. 인생에서 50대는 진주 같은 나이이며 진짜 진주는 빛이 없다고. 몇 명의 50대가 같이 앉은 자리였지만 덥석 진주라고 훔쳐서 품은 이는 어쩌면 나뿐이었는지 모른다. 그러니 멘토는 아니었는데 내가 멘티로 있다고 말하는 게 맞는 건지도.

요즘 그가 내 나이 때 볼 수 있었고 느껴지던 일상이 어느새 삶에 들어와 있는 것을 본다. 그가 50대의 깃발을 들고 있을 때 보았던 모습으로 내 발자국도 따라 가려고 애쓰고 있다는 것이다. 지금 60대인 그의 모습은 나날이 우아해지며 매력이 더해진다. 300쪽짜리 책 속에 100개의 메모지를 끼우며 책을 읽는 그. 처음 만났던 때보다 갈수록 더 많은 숨겨진 아름다움을 발견한다고 할까. 그래서 십년 후 내 모습이었으면 좋겠다고 혼자만 보이는 깃발을 우러르면서 행복해 하는 나의 모습을 본다.

일생에서 어느 지점이든 깃발 같은 사람을 만날 수 있다는 것은 많은 행복함의 조건 중에도 으뜸일 수 있지 않을까. 생각과 행동의 기준점이 있다는 것은 다양하게 엉키는 삶 속에서 쉽게 방향을 선택할 수 있기 때문이다. 현실적으로 서로 다른 환경으로 인해 그와는 낯선 부분이 훨씬 많다. 분명 깃발이지만 바라볼 뿐 거의 따라가지 못한다. 그래도 내 삶의 멘토냐고 열 번 묻는다 해도 역시 '그렇다'이다.

'이 나이'에 라는 자조적인 넋두리로 무슨 일을 구상했다가도 자신 없고 망설여져서 우울할 즈음 '무광으로 빛나는 시절'이라고 일갈해 주는 이 고마움을 무엇으로 대신할 수 있을까. 오늘도 우아하게 흔들리고 있는 그의 깃발은 곧 내 육십 대의 그림으로 스케치해주고 있는 걸. (20110306167)

미술관 옆 작은 집

비가 내린다. 오랜만에 생짜배기 빗소리를 듣는다. 잠자리에 누운 채 빗방울이 나뭇잎을 만지는 소리, 마당의 작은 꽃들에게 말 거는 소리, 흙에게 입맞춤하는 소리를 듣는다. 아마 유년이었던 거제도 생가 시절 이후 처음이다.

마루에 앉아 처마에서 떨어지는 빗줄기와 한 뼘 높이로 빗물이 고인 마당에 수많은 동그라미를 그리는 빗방울. 남새밭에 숨듯이 내리는 비를 보며 무슨 말인지 어떤 생각인지 해야겠는데 그냥 가슴만 먹먹하던 그 느낌. 넘치게 좋으면 할 말이 없어지는 경험을 한다. 덧댈 말이 생각나지 않는다. 제주의 뜰에 내리는 비는 하늘에서 내려와 흙과 직접 만나 그대로 지구 중심부까지 내려가는지 표면에 잠시 흔적만 남길 뿐 고이지 않는다.

여름휴가를 제주도에서 보내게 되었다. 작은아이가 제주 현대미술관에서 운영하는 입주 작가 작업실에 있다. 작업실은 젊은 작가들을 위해 작업공간과 일상을 함께할 수 있도록 마련된 공간이다. 그 덕에 미술관내에서 일주일 간 머무르는 호사를 누리게 된 것이다.

바다 안개가 밤새 육지로 다니러 왔다가 채 돌아가지 않아 어스름한 새벽에 동네 산책길에 나섰다. 잠에서 깨지 않은 마을을 훔쳐보는 재미가 톡톡하다. 미술관 경내는 한 폭의 수채화 같다할까 동화 속에서 상상한 적이 있었던 것 같기도 한 풍경이다. 제주 현대미술관은 미술관 본관과 '저지예술인마을'이 함께 어우러져 미술관 동네를 이루고 있다.

가가호호 대문 안에 들어가 보지 못하지만 나지막한 담 너머로 겉모습을 넘겨다 볼 수 있다. 사각 상자를 엎어 놓은 것 같은 집. 기와집에 소나무 언덕이 정원으로 꾸며진 집. 작은 마을처럼 울안에 오솔길과 연못과 몇 동의 아담한 가옥으로 이루어진 집 등 상상해보는 가장 안온하고 우아한 모습이다. 개성 있는 집과 아틀리에가 한 채 한 채 작품으로 앉아있다. 분야별로 일가를 이룬 작가들이 만든 마을이니 오죽하랴.

그곳엔 도시에서 가장 흔한 몇 가지가 없는 동네다. 며칠을 지내봐도 자동차 소리가 없다. 밤이 되어도 간간이 가로등이 있을 뿐 울긋불긋한 전등 빛도 없다. 마을 전부를 돌아봐도 똑같은 집이 없다. 닭장에 비유하는 아파트는 물론 없다. 인위적으로 만든 마을 중에서는 가장 멋진 곳인 것 같다. 외국 여행에서 봤던 부자 마을, 유럽인들의 최고 휴양지 마을, 온 동네가 하얀 건물에 제라늄이 창마다 놓인 마을 등 몇몇 아름다운 마을들을 구경했다. 하지만 '저지예술인 마을'은 사람으로서 누릴 수 있는 가장 우아하고 기품 있으며 인간의 자긍심을 느끼게 한다는 생각이 들었다.

'문학인 마을'을 상상해본다. 소설가, 시인, 수필가, 극작가, 평론가 등등 분야별 작가들이 모여 이룬 마을이다. 문학인 마을엔 필히 술집이 있어야겠지. 입으로 풀면서 글의 알을 줍고, 쓰는 행위가 따라가니까. 한 자리에서 찾은 비슷한 글의 알로 장닭을 낳았느니 병아리를 낳았느니 하며 실랑이를 벌일지도. 아마 수필가는 문학인 마을에 들이기엔 격이 맞지 않는다는 둥 뒷담화가 있지 않을까. 마을 어귀에 무인 찻집이 있는 '예술인 마을'과는 사뭇 분위기가 다르겠지. 미술은 아버지가 다른 한 엄마 자식 같고 문학은 한 아버지에 어머니가 다른 자식들일까?

미술관 옆 작은 집에서 세상의 남자가 된 아들을 만났다. 8개월 혼자 지내는 시간 동안 인생을 몇 계단 뛰어 오른 모습이다. 부모의 어릴 때 사진이 보고 싶다고 한다. 그건 과거를 돌아볼 여유를 얻었다는 것이다. 이제 길이 보인다는 말의 의미는 자신이 하고자 하는 일의 실마리를 잡았다는 또 다른 표현일 것이다.

뻐꾸기 소리, 숲속의 자연음악, 우아한 마을 정경도 좋지만 자신이 가는 길이 괜찮은 선택이며 발견이라는 것을 확인한 아들을 만난 게 더욱 행복하다. 여행에서 얻은 가장 큰 선물이다.

(20120618175)

3.

유월 장미

08. 5. 5.

THE WORLD OF PETER RABBIT

'토지' 박경리 선생 타계.

TV에서 선생님 타계 소식이 였다.
벌떡 일어나 "두 손을 모우고 세 배를 올렸다"
"감사 합니다" 그 한마디 말 이에 다른
말이 생각나지 않는다.
참 감사하다. 감사하다. 감사하다.
자존심 다치지 않고 죽음을 맞는 최초의
인물인 것 같다. 초췌한 모습으로 병상에
누워 "떠린손을 내미는 모습 조차 보이지
않으셨다. "외롭하다". 그리고 손녀볼 수
"다게 하셨다"로 끝맺음 하셨다.
죽음을 우아하게 맞이하신 박경리 선생께
감사하다고 다시 인사드린다.
'토지'를 낳아주셔서 감사하고,
자존심 다 놓지 않는 죽는 방법을
몸소 보여주셔서 감사 합니다.
비록 글 쓰는 재주는 못 따라 하겠지만
죽음에 임하는 모습은 꼭 따라 해야겠다.
꼭 선생님 모습처럼 죽음을 맞이하고 싶다.
주변에 떠벌리지 않고 생산성 없는
시간을 벌기 위해 자존심을 파는 어리석음도
저질러지 않아야지.
우아하게 고요하게 하고 죽음도 일상처럼.
선생님 감사 합니다.

9 ibis

동무야, 친구야!

윤동주 시인의 「별 헤는 밤」 시를 대할 때마다 '소학교 때 책상을 같이 했던 아이들 이름과' 하는 행에서 꼭 한 번 불러보고 싶었다. 초등학교 동창생이 50여 명이다.

김양자, 반정옥, 박영순, 반현숙, 양민숙, 양숙자, 원경애, 원경자, 원인자, 유진애, 윤순자, 윤정옥, 이금선, 이정숙, 임일복, 조순연, 조외자, 조진순, 조혜숙, 노학일, 반병태, 신장호, 양춘석, 양영민, 원용문, 유남근, 유팔생, 이당우, 이만재, 이상모, 이상범, 이오우, 이옥석, 이월우, 이재영, 이종은, 이철진, 이충호, 이혁재, 임사열, 임영만, 임창성, 조규종, 조득상, 조수환, 조신생, 조영식, 조정구, 조종대, 조주철, 천영길아!

이름만 들먹여도 오십 년 전 이야기들이 칡덩굴처럼 딸려 나온다. 해마다 연말이면 전국 각지에 사는 서른대여섯 명이 동창회라며 만난다. 도시의 큰 학교 같으면 한 반 인원수보다 적은 숫자다. 그중 이미 고인이 된 친구들도 몇 명이다.

우리가 다닌 학교 건물은 동네에서 제일 큰 집이었다. 앞산에 올라 동네를 내려다보면 초가마을 가운데 지붕이 기다랗고 하얀 게 멋있었다. 운동장 끝에는 아름드리나무들이 그늘을 만드는 '수원지'라는 이름의 정원이 있었지. 수원지는 어른 무릎 높이로 높았고 자갈이 깔려있었다. 수원지 긴 의자에서 '묵찌빠'를 하다가 종이 울리면 교실로 우르르 뛰어들었지. 달리기가 유난히 느린 키 작은 아이는 늘 꼴찌로 의자에 앉게 되던 일이 어제처럼 가까이 다가오네.

어린 시절엔 '친구'라는 말은 없었고 동무였다. 동무들은 분명 모두 내 편일 것이다. 이렇게 글 같잖은 글로 엮었지만 분명 자랑스러워 해 줄 것이고 반가워 해 줄 것이다. 혹 거만한 면이 있고 잘난 척한다거나 자신감이 넘쳐보이는 부분이 있다면 그건 50여 명 동무들 빽이다. 그곳에 가면 참한 아이고 공부 잘하는 아이고 어쩌면 여러 명의 남자아이들한테 첫사랑일 수도 있기 때문이다.

여학생들이 고무줄넘기를 하면 따라다니며 고무줄을 끊던 장난꾸러기 머슴애들이 환갑을 코앞에 두고도 똑 같은 모습이다. 모여 앉기만 하면 어느새 거제도 사투리가 평생 사용해온 듯 귀에도 입에서도 줄줄 흘러나온다. 그래서 한 명 한 명은 고향의 면면을 업고와 셋이 모여도, 열이 모여도 고향은 오롯이 옮겨와 옆에 앉는다.

동무야, 친구들아! 곁에서도 멀리 있어도 늘 함께하는 고향아!

(20140508190)

새, 새들 날개를 펴다

새벽꿈에서 합격자 이름을 찾다가, 찾다가 깼다. 기분이 묘했다. 꿈이라 다행이라는 것과 답답한 꿈속의 상황이 현실일지도 모른다는 생각 때문이었다. 교실 문을 열고 들어오는 사무실 선생의 밝지 못한 얼굴빛에서 가슴이 덜컹했다. 그리고 합격자 명단을 받아 든 순간 기쁨이 가슴을 죄어왔다.

할머니 학생들이 '합격'이라고 쓰인 프린트를 들고 울먹임과 환호성을 지르며 아이처럼 펄쩍펄쩍 뛰었다. 그 머리 위로 새가, 새들이 날개를 쫙 펴고는 빙빙 원무를 그리며 날고 있었다. 그리곤 창문을 통해 훨훨 날아나가는 모습이 보였다. 60여 년 동안 부러진 날개 한쪽 때문에 가슴 깊은 곳에 웅크리고 있던 새들이 치유된 날개를 펴고 날아오르는 순간이었다.

지나온 10년이 한 장의 사진이 되어 펼쳐졌다. 많은 분들의 우는 모습이 보였다. 이름자부터 시작해서 몇 마디 배운 글로 한 줄씩 사연을 풀어낼 때마다 울먹여서 제대로 읽지 못하던 모습들.

하고 싶은 말은 수없이 많은데 가슴속에서 서로 먼저 나오려고 하는 바람에 글이 엉켜서 써지지 않노라며 가슴 치던 모습들까지 눈앞에 있는 것처럼 보였다. 그동안 만나고 헤어져 간 얼굴들이 안타까운 사연들을 들려주며 지나갔다. 그렇게 쌓여 10년 세월이 되었다.

시험은 그것을 치러야 하는 사람들에게는 스트레스를 주고 치르든 아니든 많이 듣고 하는 말 중에 하나일 것이다. 어르신들은 수십 년 동안 자녀들을 키우며 갖가지 시험 뒷바라지를 해 왔지만 직접 경험은 없었다. 막상 시험이라는 일생일대의 사건을 앞에 두고 보니 점 하나도 문제라는 사실에 어안이 벙벙해 했다. 마침표 하나를 외우는 일부터 시험공부는 시작되었다.

8, 9개월은 참 치열했다. 평균 연세 70세가 넘는 학생들은 오늘 보고 들어도 내일이면 태어나 처음 보는 것처럼 기억되지 않는 상태였다. 눈만 맞추면 '못하겠다.'였다. 그 말이 솔직한 심정인 줄 알기에 더 매몰차게 못 들은 척하며 윽박지르기도 하고 달래기도 하며 때로는 짜증을 냈다.

'달팽이 길 찾기'라는 게임이 있다. 눈을 감고 설명만으로 달팽이 길을 찾아나가는 게임이다. 설명하는 입장에서 보면 일정한 간격으로 그어 가면 될 것 같은데 막상 눈을 감아보면 그게 아니라는 것을 알게 된다. 방향지시를 받으며 팬을 그어보면 동글동글한 길을 찾아나가기는 어렵다. 우리는 달팽이 게임을 시작했고 그 길을 멋지게 완주해 내는 걸 목표로 잡았다. 그러기에 보고 또 보고, 듣고 또 듣고, 풀어본 문제 또 풀기를 마치 거친 표면을 페이퍼로 문지르고 문질러 매끈하게 만드는 것처럼 반복했다. 밥숟갈로 밥 뜨고 반찬 집 듯 자연스러워질 때까지.

그런데 내 속에는 항상 두 마음이 나란히 앉아서 힘들게 했다. 하나는 모든 어려움을 감수하고라도 이 분들을 도와드려야 한다는 마음과 '너 뭐 하냐'는 두 가지였다. 이 시간 어머니는 낯선 사람들 속에서 오매불망 자식을 기다릴 텐데 길이 멀다는 핑계로 두어 달에 한 번씩 밖에 찾아뵙지 못한다. 그런데 일주일에 이틀씩 대여섯 시간 동안 남의 엄마들 마음 상할세라 혹 중도에 그만 둘세라 비위맞추고 재롱을 떨며 동동거린다. 그래서 학생 할머니들께 열성으로 대할수록 요양원에서 생활하는 친정어머니께 죄를 짓는 것 같아 마음이 불편했다. 어머니를 생각할 때마다 미안함과 죄스러운 마음 때문에 학생 할머니들께 짜증으로 대할 때도 있었다. 어머니에 대한 불효가 조금 감해지는 듯한 착각을 할 수 있으니까.

그러다가 또 변명을 찾아낸다. 긴 젓가락 이야기다. 삶은 맛난 음식으로 가득 차려진 상을 받고 있단다. 하지만 모두에게 팔보다 긴 젓가락이 준비되어 있는 거라고. 그래서 서로 상대방에게 먹여주면 천국이 된다는 이야기다. 긴 젓가락으로는 자신의 입에 음식을 넣기 힘들다는 것을 깨우치면 배부른 삶이 된다는 것이다. 그러니 몸이 불편한 어머니는 간병인 선생님들이 돌봐주고, 내가 도와줄 수 있는 일을 성실하게 하는 게 긴 젓가락 효과라고.

사춘기 무렵 정체성이 혼란스러울 때 시 한 편을 만났다. 에밀리 디킨스의 「내가 만일」이라는 시다.

> 내가 만일 한 가슴의 미어짐을 막을 수 있다면, 내가 만일 날개 부러진 새 한 마리를 도와 둥지로 돌아갈 수 있게 할 수 있다면, 내 삶은 헛되지 않으리.

검정고시 합격자 명단을 받아든 순간 이 시가 떠오르는 것은 아마 그것이 내 안에서 계속 채찍질을 하고 있었나 보다. 학문에 대한 갈망이 날개 부러진 새가 되어 가슴에 들어앉아 있는 단 한 사람이라도 도와줄 수 있다면. 그 상처에 부드러운 붕대가 될 수 있다면 내 삶은 결코 헛되지 않으리라고.

삼사십 대 때 과외지도를 했다. 어린 학생들과의 만남은 그들 삶의 어느 모퉁이에 자양분으로 작용되기를 염원했다. 보태는 공부였다. 학생들이 나름 만족한 결과로 진학했을 때 행복했다. 그때 행복함에는 좋은 결과가 나에게 되돌려져 유명 과외교사로서의 인지도 욕심이 보태졌을 것이다. 그런데 일흔을 훌쩍 넘긴 어르신들을 가르치는 것은 덜어내는 일이다. 가슴에 맺혀 있는 여한을 빼내는 작업이다. 홀가분하고 가벼운 일생으로 마무리 짓는 일에 도움이 되기를 바랄 뿐이다. 자원봉사교사로 실력을 인정받을 일도 없고 이해관계로는 별로 상관이 없다.

중입 검정고시 합격은 10년 복지관 한글봉사에서 뽑아 올린 쾌거다. 이름자도 모르는 상태에서 만나 합격증을 받은 여덟 분의 학생들에게도 아주 행복한 선물이지만 나에게도 엄청나게 큰 선물이다. 이 선물을 자랑할 겸 지인들에게 축하메시지를 보내달라고 부탁했다. 학생여사님들은 얼떨결에 낯선 사람들로부터 '축하한다.'는 메시지를 서른 통이나 받는 바람에 어쩔 줄을 몰랐단다. 칠십 평생 자신만의 일로 축하받는 일이 처음이라 그 메시지는 또 다른 경험이었단다.

참 행복하다는 것! 바라보는 것만으로도 행복하다는 것. 행복이란 말에 새로운 의미를 추가한다. (20120523175)

거울이 말하다

- 나는 너를 다 보고 있다

나는 거울이다. 22년째 같은 자리에서 한 여자와 남자를 고객으로 두고 있다. 태생적으로 눈만 있었다. 그런데 22년 만에 마음이 생겼다. 마음이 생기고 보니 눈으로 새기고 접어두던 많은 느낌들이 봄비에 새싹 틔우듯 치밀어 오른다. 나는 여자의 모든 것을 보았다. 물론 남자도 있지만 주 고객은 여자다. 나를 선택한 것도 여자였고, 그녀의 모든 일상이 내 앞에서 시작해서 마무리되기 때문이기도 하다.

전화기에서 알람이 울린다. 신식이라서 그런지 목소리 한 번 똑부러진다. 아침마다 같은 시각에 일초도 틀리지 않고 잠을 깨워주는 똑똑하고 고마운 녀석이다. 나도 긴 밤을 지나 아침을 맞을 수 있으니까. 여자는 반쯤 뜬 눈에 헝클어진 머리를 내 얼굴에다 바짝 들이대고는 채 알아듣지 못할 인사를 하며 손가락 빗질을 하고는 하루를 시작한다. 왼쪽 서랍 속에 손 한 번만 까딱하면 커다란 도끼 빗이 있는데 생략한다. 하지만 습관처럼 시선이 살짝 왼쪽으로 갔다 오는 버릇은 빗으로 빗을까 갈등을 한다는 것을 알 수 있다.

순간 그녀의 하루 일정을 짐작할 수 있다. 외출이 있는지 종일 쉬는 날인지. 알람이 울리고 나면 눈을 감은 채 십여 분 동안 일정을 점검하고 아침상 차림까지 그림을 그리는 버릇이 있다. 일주일로 치면 거의 대부분 외출이 정해져 있지만 가끔 외출이 없는 날 여자는 아주 가관이다. 옆으로 긴 눈을 쭉 더 길게 뜨고 편안한 표정을 지어 보일 때면 혼자 보기 아깝다. 여자를 돌려세워 장롱에게도 보여주고 싶다. 하긴 묵묵한 장롱이라 별 말도 없겠지만.

외출 준비에 허둥대는 모습은 또 어떻고. 위 속옷 걸치고 얼굴에 하나 찍어 바르고 아랫도리 속옷 입고 또 하나 바르고. 옷 다 챙겨 입자 입술 대강 바르면 준비 끝이다. 내 앞에 놓인 초라한 화장품을 보면 정말 자존심이 상한다. 도대체 저 화장품으로 어떻게 그려내 주길 바라는 건지. 그렇지만 크게 바라지는 않는다는 것은 한 번도 내 얼굴에 화장품을 던지거나 짜증을 낸 적은 없으니까. 두어 가지 찍어 바르고는 밝고 환하게 보라고 한다. 백설공주처럼 세상에서 제일 예쁘냐고 묻지는 않지만 가끔 '세상에서 제일 예쁘다'라고 추궁하는 눈빛을 볼 때가 있다. 그럴 땐 마음을 읽어 여자가 흡족해 하는 각도로 보여주려고 하는 편이다.

근데 여자가 20여 년 내내 오해하는 부분이 있으니 한 번 생각해보는 게 좋을 것 같다. 여자는 왼쪽 뺨을 더 맘에 들어 하고 있을 거다. 그것은 내 자리에서 왼쪽에 창문이 있으니 항상 왼쪽 얼굴이 더 밝아 보인다는 것이다. 그녀의 피부를 실제보다 더 촉촉하고 뽀얗게 비춰줄 때도 많다. 커튼 덕분이다. 창문을 가려주니까 채도가 낮아서라는 걸 굳이 말하지 않아도 인정하겠지. 특히 대형 건물 로비에 걸린 내 친구들에게서 적나라한 대답을 들었을 때 '이상하네! 집에서는 안 이랬는데…' 하고 고개를 갸우뚱하니까.

여자가 나가고 적막이 흐르는 집. 이 방에 같이 들어온 장롱과의 수다 시간이다. 여자 흉도 보고 칭찬도 하고. 하긴 만나는 이가 거의 정해져 있으니 사람에 대한 화제는 별게 없다. 웬만큼 호불호는 다 알고 있으니. 계절에 대한 대화가 주가 된다. 창문을 열고 외출하는 여자의 버릇으로 바깥의 온도, 바람의 세기 등 날씨 변화 정도는 늘 다르니까 이야기 내용이 다양하다.

근데 문제가 하나 있다. 장롱 위에 소복이 쌓인 하얀 먼지를 보면 내 머리까지 근질거린다. 내 머리 위도 같은 처지겠지만 장롱은 눈이 없으니 스트레스를 받지는 않는 모양이다. 다행히 참기 어렵다 싶을 때쯤이면 여자는 장롱머리랑 얼굴에 먼지를 닦아내고 지나간 달력으로 새 모자를 씌우는 작업을 한다. 그리곤 구리스라는 기름으로 화장을 시킨다. 그러고 나면 이삼일 간은 장롱이마에 내 얼굴이 비칠 것처럼 반짝거린다.

여자는 살짝 야하다. 일부러 내 앞에서 스킨십 할 때는 망측하다. 그래서 인간미 있고 또 여성스러워서 좋아 보이긴 한다. 사실 여자를 알고 있는 사람들은 모든 일상이 차렷 자세인 줄 알 거다, 아마. 내가 보고 있는 모습을 거의 상상하지 못할지도 모른다. 그런 점에서 여자는 이중인격자이거나 이중생활자라고 해둘까.

여자를 만난 이후 지난밤까지 새벽 1시에야 잔다. 때로는 일찍 자고 싶고 어떤 날은 콱 엎어져 3박 4일 동안 일어나고 싶지 않을 때도 있다는 걸 알고 있을 거다. 이제 말하지만 전등 아래 눈을 부릅뜨고 있기가 얼마나 피곤한지. 자정 전에 잠들기는 20여 년 동안 다섯 손가락 안에 들 거다. 초저녁잠이 많아질 나이가 되었지 싶은데 아직은 변화가 없다.

여자의 잠버릇 얘기다. 방바닥 가득 달빛이 들어오는 밤엔 커튼을 열고 잔다. 그때 나는 잠자는 그녀 모습을 본다. 달빛에 반사되어 약간 파리한 얼굴에 행복한 꿈을 꾸는 모습은 어린아이 같다. 아마 어릴 적 달빛이 내리쬐는 골목길을 달리는 꿈이라던가, 거제도 여름 밤바다에 앉아 노래 부르는 꿈을 꾸는 게 아닐까. 달빛을 참 좋아하는 여자다.

그러고 보니 여자의 내적 외적 취향을 다 알고 있는 셈인가. 얼마 전 여자가 읽고 있는 책을 엿봤더니 '늙어간다는 것과 낡아간다는 것과는 다르다. 낡아간다는 것은 소멸되는 것이지만 늙어간다는 것은 그 사람 속에 보석 같은 것이 사리로 앙금진다는 것이다.'라는 말이 있었다. 나는 나이를 먹어도 늙지 못하지만 낡지도 않을 자신이 있다. 여자도 늙어가지만 보석 같은 사리를 만들어 가고 있다는 것을 잊지 말았으면 좋겠다.

또 이런 말도 있었다. '사람은 반드시 두 가지 보물을 가지고 살아야 하는데 그 한 가지가 거울.'이라고. 물론 나 같은 물체를 의미하지는 아닐 게다. 마음을 비추는 것도 중요하지만 육신을 비추는 것 또한 중요하질 않나? 누군가도 군대에서 적금 탄 돈으로 거울을 사서 내무반에 달아놓고 '인간회복'이라고 새겼다고. 그러니까 내가 내면과 외면을 다 비춰줄 수 있다는 것을 확인하는 셈이지. 벽에 걸린 거울도 20년을 함께하면 마음까지 비춰준다니까.

그러나 내가 거울이라서 미안한 점도 있다. 여자가 원하는 모습대로 보여주지 못하고 적나라하게 정직해서이다. 나의 장점이자 단점이다. 여자는 20년 전과 모습이 많이 변했지만 표정은 아주 편안해졌다. 언제부터인지 자신감이 쌓여가는 것을 본다. 늘 외치고 다니던 '못생긴 여자'에서 '멋진 여성'으로 이름을 바꾼 것 같다. 앞으로 20년 후, 그 후까지도 겉모습은 변해가겠지만 내면에서 풍겨 나오는 우아함은 더 진해지겠지. 나는 그때도 맑은 눈으로 여자를 지켜볼 것이고 아름답게 변해가는 여자로 보여주기 위해 눈을 맑게 닦을 것이다.

거울! 오늘도 나는 여자의 모든 것을 보고 있다!

(20120220171)

헤어짐에 대한 예의

어느 가을날 복지관 한글학교 아침 풍경이다. 여든둘 된 우리 반 왕언니 김귀례님이 예사롭지 않다. 회백색 파마머리를 우아하게 다듬고 멋진 옷차림에 분홍색 립스틱을 바르고 눈썹도 반달로 그려 예쁘게 화장한 모습이다. 검은 진주 목걸이가 멋내기의 최 정점이다.

그런데 내 책상 위에 보따리가 여러 개다. 갖가지 떡이며 음료수 들이다. 그것도 각각 두 보따리다. 귀례님 설명에 의하면 한 보따리는 우리 반 친구들과 나눠먹고 한 보따리는 복지관 사무실 선생님 드릴 것이라고 했다. 선생님 것이라며 롤케이크 한 상자는 따로 담겨 있다.

한 시간 수업이 끝나고 간식시간이다. 귀례님이 공책 맨 뒷장을 펼쳐 보여주며 읽어보란다. 그동안 행복했다는 것과 이제 한글학교에 그만 나오겠다는 내용이었다. 웃으며 '딸네 집에 갔다 올라고. 내가 고기를 좋아하거든. 사위가 고기 좀 자시고 계시다 가라며 내일 데리러 온다네.' 한다. 눈에는 눈물이 글썽이고 있다. 그렇게 귀례님은 우리 반에 더 이상 나오지 않는다. 딸 또래 선생한테 마음 상한 일, 서운한 일이 한두 가지가 아닐 텐데 가장 고운 모습을 선물로 주고 갔다. 그런데 며칠 후 지하층에 있는 건강관리실에는 열심히 나온단다.

그동안 수많은 헤어짐을 겪었다. 돌아보면 많은 사람들이 다가왔다가는 이유를 남기지 않고 헤어져갔다. 아직도 헤어져야 할 이유도 원인도 알지 못한 채 떠났기에 잊히지 않는 몇몇 사람이 있다. 다들 아무 언질이 없었기 때문에 어떤 점에서 문제가 있었는지 알 수 없다.

스물세 살 적에 오천 원을 빌려가고는 다시 만나지 못한 사람이 있다. 부모님께 소개한 첫 남자친구였고 결혼을 전제로 만났던 것 같다. 별다른 문제없이 분명 다음 달에 만나기로 약속한 사람이었는데 연락되지 않았다. 보내온 편지들을 한 봉투에 넣어 되돌려 보내고 마음을 정리했다. 그러고 보니 그 시절엔 돈을 빌리고 배신하는 게 치사하게 헤어지는 수법이었을 것이다.

그리고 동네친구 모임에서 '나 빠진다'는 전화 한 통화로 영영 소식이 없는 사람이 있다. 한 동네 살 동안은 차도 마시고 여행도 가고 혼사에도 다닌 사이였다. 늘 상냥한 목소리로 우스개를 진담처럼 하며 분위기를 우아하게 만들던 사람이었다. 딴 동네로 이사를 하고도 여러 번 만났는데 어떤 날 어떤 일로 그의 마음이 돌아

섰는지 알 수가 없다.

동인회원도 그런 일들은 다반사다. 지난 달 아무 설명도 없었는데 이번 달부터 탈퇴해서 안 나온다나. 동인으로 만난 지 시간이 오래지 않아 아직 탐색중인데 그는 보따리를 싸버린 셈이다. 가슴이 천천히 열리는 편이고 상대 마음의 문이 어느 방향인지 내 속에서 정리가 돼야만 다가가는 편이다. 이제 방향을 잡았다싶어 다가가려고 하는데 이미 그는 떠난 셈이다. 그럴 때마다 황당하고 가슴에 구멍이 뚫린 것처럼 휑하다.

오랜 시간 동안 같이 활동한 동인과의 헤어짐에서 오는 쓸쓸함은 부피를 재기 어렵다. 수필은 자신을 바구니에 담아 책상 위에 올려놓고 서로 엎었다 뒤집었다 살피는 작업이다. 머리카락 속부터 발바닥 굳은살까지 치부를 다 드러내놓을 수밖에 없지 않은가. 그렇게 십여 년이 넘도록 시간을 보냈는데 '그냥' 헤어진다는 것은 내 방식에는 용납이 되지 않는다. 헤어짐의 다른 말은 남겨짐에의 공포이기 때문이다.

'헤어짐'이란 말에 연연하는 것은 내 속에 두려움이 크기 때문이라는 것을 안다. 오래전 '헤어지는 연습을 하며 사세'라는 조병화 님의 시를 처음 만난 날 소름끼치던 생각이 난다. 그때까지는 내 속에 헤어짐에 대한 상처가 그토록 크게 자리하고 있는지 몰랐다. 아무런 언질도 기척도 없이 어느 날 혼자 남게 된 어린 시절 부모님과의 헤어짐에서부터 상처는 시작되었다는 것을 알게 되었다.

왜 부모님과 헤어져 살아야 하는지 아무런 설명 없이 선택의 기회도 없이 조부모님 곁에 남겨져버린 그 봄날의 황당함.

이유를 설명하지 않고 떠난 사람들은 인연의 깊이와 상관없이 늘 머릿속에 그 이름이 맴돈다. 그것이 내가 가진 상처의 딱지일 것이다. 딱지 밑에는 아물지 않은 고름이 고여 있어 한 겹만 건드리면 덧나려 날을 세우고 있다. 그러니 모임이나 동인회에서도 여러 회원들이 들고날 수 있다고 간단히 생각할 수도 있는데 그게 잘 되지 않는다. 그렇기에 나 또한 어떤 인연이든 쉽게 선택하지 않고 한 번 발을 담근 인연엔 포기는 거의 하지 않는 편이다.

여태껏 헤어짐에 대한 아픔이나 상처만 있었지 어떻게 헤어져야 하는지는 몰랐다. 왜 상처받을 수밖에 없었는지를 세세하게 알지 못했기 때문에 치유법도 몰랐다는 게 맞을까. 귀례님에게서 상처의 근원과 치유 방법을 알아낸 셈이다. 그래서 이제부터는 어느 모임이든 어떤 사람에게든 헤어지는 이유는 꼭 남기고 빠져나오겠다는 것이다. 나눈 정이 얇고 나쁜 기억만 남았다고 하더라도 떠나기로 마음먹었다면 사생활을 이유로 들어 다시 만날 것처럼 여운을 남기고 떠나는 방법. 앉았던 자리 깔끔하게 치우고 가는 마음이라면 어떨까.

죽음으로 떠나게 되더라도 맺었던 인연들에 헤어지는 의식을 할 것이다. 그동안 나누어온 시간에 대한 예의를 우아하게 갖추기 위해서다. 그러고 보면 만나는 의식인 혼례보다 헤어지는 장례를 더 복잡하고 긴 시간을 들여 치르지 않는가. 헤어지는 아픈 가슴만큼 그에 대한 예의 또한 소중하며 남는 사람들과 그동안 나눈 시간에 대한 예의라는 것을 지금에서라도 깨닫게 되어 다행이다. 헤어짐은 필연이기에 준비할 수 있고 폼 나게 의식을 갖출 수 있다.

오십 중반에 헤어지는 사람은 살아서 다시 만나기 어렵다는 것도 기억해 둘 일이다.

(20110926170)

풀밭에서

보름 만에 밭에 갔다. 진초록으로 덮였다. 『인간 없는 세상』이란 책에서 읽었던 장면이 떠오른다. 뉴욕에 사람이 일시에 없어지면 3일 만에 도시전체가 허물어지기 시작한단다. 단단한 아스팔트와 콘크리트 벽 사이사이에 풀들이 자리를 잡으면서 도시는 붕괴되어 버릴 거라던 페이지가 떠올랐다. 그럴 수도 있겠구나. 그럴 수도 있어! 하는 생각에 손에서 힘이 탁 풀려나갔다.

고구마 심은 여덟 개의 두둑은 그야말로 풀밭이 되었다. 이미 키가 1미터 가까이 쑥쑥 올라온 풀대들이 나보란 듯이 살랑거리고 있었다. 고구마 싹을 심은 지 4주쯤 되니 막 뿌리를 내릴랑 말랑 할 즈음이다. 고구마 잎은 아예 보이지도 않는다. 긴 숨을 따라 나도 모르게 흘러나온 말 '그냥 포기하자. 고구마는.'

맥없이 밭두렁에 주저앉아 망연자실해 하다가 슬쩍 풀을 헤치니 그 속에 정말 간신히 숨을 쉬고 있는 고구마 싹이 눈에 들어왔다. 제발 살려달라는 듯 눈물을 머금고 아우성치는 소리가 귀에 쟁쟁

하게 울렸다. 마음을 다잡고 유월 땡볕 아래서 종일 고구마 밭에서 풀을 뽑아냈다.

잡초는 대개 일년생이다. 그래서인지 뿌리가 참 부드럽다. 잎사귀는 억세게 생기고 기세 좋게 쑥쑥 자라지만 막상 뽑고 보면 그의 뿌리가 이외로 부드럽고 탐스러운 것을 본다. 한 해만 살다갈 것이니 뿌리는 짧게 내리고 하늘로 가지를 뻗어 잎을 세워서 세상 구경을 많이 할 작정인가 보다. 수없이 많은 잔뿌리들은 끈질긴 생명력을 위해서이고 톡 건드리기만 하면 풀싹 날아 멀리 떨어지는 열매는 종족보존을 담당한다는 것이다.

풀을 뽑는 일은 단순작업이라 그때마다 많은 생각을 하게 된다. 김수영의 「풀」을 외기도 하고 흙과 풀과 땅속 생명과 인간과의 관계에 대해 나름대로 정리를 한다. 시 「풀」을 욀 때마다 미안한 마음이 생긴다. 풀한테 내가 바람이 된 것 같아서이다. 그런데 다른 한편으로는 내가 풀한테 놀림을 당하는 기분이기도 하다.

밭에는 갖가지 채소가 심겨져 있다. 부추, 도라지, 콩, 옥수수, 고구마, 감자, 고추 등. 부추 밭에는 부추처럼 길쭉한 풀이 난다. 부추를 잘 모르면 구분하기 힘들만큼 비슷하다. 들깨 밭에 난 풀은 들깨 잎하고 거의 흡사하다. 똑 같이 생겼다. 씨앗 뿌린 들깨보다 먼저 나서 금방 자라고 어느새 노랑꽃도 먼저 달고 나선다. 옥수수 두렁에는 어느 게 진짜인지 가짜인지 구분하기가 더 힘들다. 옥수수가 어릴 땐 아무 곳에서나 볼 수 있는 풀처럼 생겼기 때문이다. 잎이 긴 채소 옆에는 긴 잎 풀이 나고 둥근 잎사귀 채소밭에는 동그란 잎을 한 풀이 난다.

풀은 생명력 또한 대단하다. 땡볕에 뽑은 풀을 검은 비닐 위에 거꾸로 올려놓아도 뿌리에 흙이 조금만 묻어 있으면 며칠 후엔 되살아난다. 5년 전 처음 밭을 구입하고 나팔꽃 두 포기를 사다 밭가에 심었다. 해마다 여름이면 보라색 나팔꽃으로 밭 한 벽에 병풍을 친다. 가꾸지도 않고 어디에 뿌리가 있는지도 모르겠는데 어김없이 찾아온다. 저 위에서 내려다보는 눈이 있다면 인간의 끈질긴 삶도 나팔꽃처럼 보일까.

어린 들깨 속에서 노랑꽃을 단 들깨인 척하는 풀을 뽑아 들고 피식 웃는다. '얘 만도 못한 인물, 나' 하고. 둥근 모양 사람한테는 둥근 모양으로 길쭉한 모습을 원하는 사람 앞에서는 길쭉한 모습으로 다가갈 줄 아는 지혜를 지녔더라면 어땠을까. 이 풀만큼만 지혜롭고 삶에 요령이 있다면 세상 어느 한 모퉁이 기둥이 됐을라나. 내 한 몸 간수라도 멋지게 할라나.

하루 종일 풀과의 실랑이질을 하고나니 고구마 밭도 다시 나타나고 들깨 두둑도 면도한 것처럼 깔끔해졌다. 노랑꽃에게는 미안하지만 아직은 사람이 더 끈질기다는 본보기를 보여준 셈이다. 풀보다는.

(20106625165)

시어머니도 항변하라!

새벽 세시에 잠이 깨어 뒤척이다가 컴퓨터 앞에 앉았다. 웹서핑을 하다가 '시어머니'라는 단어에 눈이 머물렀다. 클릭을 하고 한두 줄 읽는 사이 잠이 확 달아나 버렸다. 침침하던 눈이 갑자기 환해졌다. 화면에 글자들이 눈망울을 동그랗게 뜨고 삿대질을 해대며 공격해 오는 것 같다. 온갖 종류의 불만들이 쏟아져 있다. 아니 뱉어져 있다.

시어머니가 싫은 이유와 시댁에 가기 싫은 이유들이 와르르 쏟아져 나왔다. 자기 아들이 세상에서 제일 착하고 잘 생겼다며 '우리 아들, 우리 아들' 하는 게 싫단다. 자기중심으로 이해하고 말 한마디도 얄밉게 하며 농담 속에도 뼈가 있다나. 걱정해서 하는 한마디도 가슴에 맺히고 무지함으로 사람을 잡기도 한다고.

시댁에 가기 싫은 이유들을 열거하자면 헤아릴 수가 없다. 지지리 궁상을 떨어서, 헤퍼서도 싫단다. 지저분해서, 너무 깔끔한 것도 문제란다. 특별히 괴롭히거나 눈치 주는 사람이 없고 잘해줘도

스트레스 받는다고. 시집이라는 말 자체에 심적 압박이 크고 시댁에 내놓는 용돈도 부담을 넘어 괴롭단다. 심지어 신랑이 효자인 것도, 결정적인 것은 무조건 시댁이 싫단다.

결론은 뒤집으나 바로 놓으나 '싫다'이다. 처방으로 올려놓은 내용이라는 게 연락하지 않고 가지도 않으면 며느리 가슴앓이 병이 없어진다고. 친정은 못살든 잘살든 경우 바른 집안이고 시댁은 무개념이란 듯. 두어 시간 동안 인터넷에 올라 있는 시댁과 시어머니에 대한 성토를 읽으면서 어느새 나도 그들 편이 되고 있었다.

나도 다르지 않았지. 명절에 시댁에 가면 시어머니 첫마디가 "자 얼굴이 와 저렇노!" 하셨지. 뭐가 어떤데 하는 생각과 짜 논 행주처럼 지친 며느리 모습은 보이지 않으신가. 서운한 생각에 '날마다 저 하고 싶은 대로 하고 다녀 기름이 번지르르 하구만' 하고 어깃장이 났었지. 그렇게 착한 아들이었다던 과거형의 표현도 그럼 나 때문에 지금은 착한 아들이 못된단 말인가. 수많은 불만들 중 한 끗도 덜어낼 게 없다. 하지만 단 한 번도 뱉어내지 못했던 말들 아니던가.

그런데 이미 며느리 직분은 끝났고 시어머니다. 아들만 둘이니 두 사람의 젊은 여인들에게 괴물 같은 시어머니만 될 형편이니 이를 어쩌면 좋단 말인가. 시어머니로 자리를 바꿔 앉아보니 억울해서 속이 부글부글 끓으며 울화통이 터진다. 시어머니가 뭐가 어떻다고!

며칠 전 TV에서 52세 시어머니와 28세 며느리가 함께 출연해 집을 꾸미는 프로그램이었다. 시어머니 거처는 고풍스럽게 꾸미고 며느리 공간을 아름답게 꾸며야 한다고 조언을 한다. '시어머니'라는 단어가 심술궂은 늙은 노인네라는 인상이 드는 건 사실이다. 하지만 52세 시어머니가 꼭 고풍스러워야 하는지 마음에 걸렸다. 갱년기에 들고 여성으로서의 완벽함을 조금씩 잃어가고 있는 나이이긴 하지만 아직은 아름다운 연애를 꿈꿀 수 있지 않은가. 분위기 좋은 곳에서 연인의 눈을 들여다보며 차를 마실 수도 있고 고풍스러움보다 밝고 화려한 분위기에 하늘하늘한 잠옷차림으로 잠드는 상상도 할 수 있는.

선배들은 대부분 시어머니가 되었고 또래 친구들이 시어머니가 되고 있는 시기다. 그런데 어떤 모임이든 며느리 얘기가 나오면 칭찬 일색이다. '우리 며느리는 요즘 애들 같지 않다.'고. 며느리가 예뻐서 뭐든 해주고 싶단다. 못하는 음식솜씨도 예쁘고 뭐든 잘 먹어서, 아무거나 먹지 않는 고급스런 입맛도 좋다나. 직장 다니느라 고생하는 것도 걱정이고 아기 키우느라 힘들다고 주말에는 손자를 대신 봐준다고도 한다. 생일에는 명품 핸드백을 사 왔느니, 어버이날엔 용돈을 얼마 받았고, 지난 명절엔 어쨌다느니. 조그만 선물까지 부풀려서 자랑이 늘어진다. 사실 같지 않은 며느리 친정 자랑까지 아울러서 한다.

그런 장면들을 떠올리니 며느리들이 무슨 생각을 하며 자기네들

끼리 어떤 대화를 주고받는지 모르고 희희낙락하는 것 같아 화가 난다. 아니면 나와서 하는 말 다르고 안에서 하는 행동이 다른 건가. 혹시 못된 며느리를 고발한 글이 있나 하고 '못된 며느리'라고 쳐보니 몇 개의 게시물이 있었다. 못된 며느리는 시어머니가 쓴 글이 아니라 며느리 자신들이 쓴 글이 대부분이다. 시댁에서 받은 만큼 보내지 못하는 자기 고백이랄까. 그것도 며느리가 행복함을 스스로 자랑하는 종류의 글이다. 그러니 하소연하는 시어머니는 거의 없다. 현재 대한민국 시어머니들은.

하소연을 못하는 건가 안하는 건가. 시어머니들도 분명 며느리만큼 불만이 있을 것이다. 살아온 경험에 의해 일상에서 느끼는 지혜나 요령이 젊은 며느리에 비해 월등하니까 눈에 못 차는 면이 어쩜 더 많겠지. 봐주기도 하고 참아주기도 한다고 생각하면 다행이지만 그게 전부는 아닐 것이다. 어쩌면 본인들이 교육 시켜온 딸들이기에 그러려니 하고 이해하는 걸까. 인터넷에 하소연할 만큼 컴퓨터 이용을 편하게 하지 못하기 때문일까.

요즈음 시어머니는 나름 우아함과 너그러움을 갖추고 있다고 자부한다. 그래서인지 며느리 흉을 보거나 불만은 하지 않는 편이다. 반면에 며느리들은 속마음을 인터넷이라는 공간에 대고 외치고 있다. 인터넷에 외치고 있는 며느리들의 마음을 읽고 어떻게 대처해야 할는지 생각을 좀 해야지. 막무가내 내가 좋으면 다 좋을 것이라는 일방적 생각이 며느리들을 울게 하는 건 아닐까?

고부갈등은 인류의 결혼 역사와 같이 등장했다고 하지 않던가. 서로 다른 방향으로 보고 외치거나 아닌 척 외면할 게 아니라 마주보고 이성적인 대화로 새로운 문화를 만들어야할 시기가 아닐까. 며느리 자라서 시어머니가 된다는 단순한 원리도 이해시키고. 시어머니가 되어보니 아들만 좋은 게 아니라 며느리 또한 아들만큼 귀하고 사랑스럽다고.

수많은 시어머니 성토에 한 줄 댓글을 쓰다가 지운다. 시어머니 변명에 얼마나 와글거릴지 상상해보니 자신이 없어진다. 이 시간 깨어있는 시어머니가 혼자라면 컴퓨터 앞에 앉아있는 며느리들은 수만 명일 수도 있는데. 시어머니는 어느 나라 시어머니들이며 며느리들은 어느 나라 며느리인지 갑자기 헷갈린다. 시어머니들이여 일어나라! 그리고 항변하라!

(20100226163)

벤츠 4374

영화 '워낭소리' 장면이 떠오른다. 느리게 걷는 소의 모습과 덜커덩거리는 수레 위에서 졸던 노인의 편안한 표정이 가슴 짠하게 하던 모습이다.

16년 동안 함께한 차를 보냈다. 동네에서 가장 오랫동안 마당을 지켜왔다. 독특한 녹색이라 어디쯤에 세워두어도 쉽게 찾을 수 있다. 외출하고 들어오다가 저만치 눈에 띄면 맘이 편안해지고 차 속에 누군가 앉아있을 것 같아 유리창 안을 한 번 훑어보면 가슴이 푸근해진다.

처음 장만한 새 차는 가족 중에 유일한 운전면허증 소지자인 내 소유가 되었다. 그러니 왕초보 때부터 혼자 연습했다. 남편을 옆에 앉히고 처음 거리로 나섰을 때의 가슴 떨리던 순간을 생각하면 지금도 머리끝이 곤두선다. 운전 연습 한답시고 혼자는 두려워 중학교 일학년과 초등학교 4학년이었던 두 아이들을 태우고 길을 나섰다. 어디선가 고무 타는 냄새가 나서 보면 핸드브레이크를 풀지 않은 상태였고 차선 바꾸기를 하지 못해 집을 한참 지나쳐 갔다가 돌아오기도 했다. 하여튼 나설 때마다 아찔한 순간을 당하기 일쑤였다.

저녁 모임에라도 가면 운전해 집으로 돌아갈 길이 걱정이 되어 초조하고 불안했다. 어디를 가던 운전은 내 차지였으니 가벼운 맥주 한 잔도 할 수 없었다. 가끔 남편한테서 운전 배우느라고 자존심이 상했다는 친구들을 볼 때 부럽기까지 했다. 그때 나에게는 차는 내쫒을 수도 버릴 수도 없는 애물단지였다. 항상 데리고 다니지만 어깨를 짓누르는 부담감에서 헤어나지 못하게 하는.

한 십여 년이 지나면서 차는 한 몸처럼 편해졌다. 이즘 남편이 운전을 하기 시작했다. 남편부터 큰아이, 작은아이 차례로 운전연습을 시켰고 그들에게 운전대를 물려주었다. 십여 년의 봉사로 나는 편한 사모님이 되었지만 차는 해가 갈수록 여기 저기 부상을 드러내고 앓으면서도 주저앉지는 않았다.

'벤츠 4374'는 차의 애칭이다. 아래층 사는 친구의 남편이 노후한 구형 소형차를 애교스럽게 '벤츠 4374'라는 별명을 지어 주었다. 차는 별명이 꽤 마음에 드는지 벤츠 4374라고 부르기 시작한 후부터 핸들이 더 부드러워진 것 같다. 이름에 어울리게 반응한다고 할까.

내가 사용하는 숫자가 들어가는 중요번호는 거의 4374다. 내 명의로 된 최초의 등록 재산이기 때문인지 친근감이 특별하다. 물건이든 사람이든 먼저 보내지 못하는 성격 탓에 한 달 한 달 하면서 지금까지 왔다. 하긴 나라에서 노후 차는 세금을 감면해줄 테니 새 차로 바꾸라고 종용하지 않았다면 더 이상 움직이지 못하겠다고 주저앉을 때까지 같이 했을지도 모른다. 경제회복에 발목을 잡는 주범이라고 눈총을 받을까봐 억지 춘향이 된 셈이다.

막상 그를 보내고 나니 곳곳에 미안한 맘이 있다. 대형 세단이 앞으로 들어오겠다는 신호도 없이 차선을 바꾸어 가로지르곤 휑하니 갈 때 괜히 4374를 부끄러워했다. 기분이 썩 편하지 못하거나 유난히 자신이 초라해 보일 때 낡은 소형차 때문인 것처럼 위축될 때도 있었다. 생각을 하는 사물이라면 4374가 더 불만이었을 것이다. 몇 년 전부터 밭에 농사지으러 다니면서 얼마나 고생을 시켰는데. 흙먼지를 씌우는거야 예사지만 가을걷이라도 했을 때 끙끙 앓는 소리가 날 만큼 짐을 싣고 다니기도 했다. 분명 승용차인데도 거의 짐차 수준으로 대우를 했으니.

'워낭소리'에서 경운기와 트랙터로 시원시원하게 밭을 가는 옆에서 고집스럽게 소를 끌며 일을 하던 노인의 신념이나 손수 풀을 뜯어 먹이던 소에 대한 애정을 보면서 부끄러웠다. 소나 차나 사람을 위해 소용되는 것은 마찬가진데 너무 이기적이었던 마음이 미안하다. 그래도 한 가지 떳떳하게 말할 수 있는 것도 있다. '차를 끌고 간다.'는 관용어의 표현이 싫었다. 늘 차를 가족처럼 데리고 다닌다고 표현했다. 벤츠 4374가 어디에서 어떤 이를 주인으로 있든 설사 폐차가 되었다 해도 내가 그에게 가졌던 차격(車格)에 대한 추억만은 간직해 주었으면.

4374를 벗기고 새 번호판으로 바꿔 단 뒤 한 장의 사진도 찍어 놓지 않았다고 서운해 하는 작은아이 말을 듣고 맘을 들여다봤다. 명의를 이전하면서도 내 곁을 떠난다는 것을 인지하지 않았는지 하기 싫었는지 심사가 의심스럽다. 삼십대 말에서 사십대 십년을 거쳐 오십대 중반까지 같이 하지 않았던가. 아마 연인 같았나보다.

벤츠 4374는 잊히지 않을 것이다. 첫사랑이었으니까. 그나마 낯선 이에게 인계되었다지만 눈앞에서 폐차장으로 보내지는 않았으니 말이다. 만일 폐차장으로 보낼 지경이었으면 차 무덤이라도 만들 뻔했다. 4374를 보내면서 워낭을 남기고간 소의 무덤이 참 다행이라는 생각을 했다.

어떤 이를 주인으로 만나 오늘도 엔진을 데우고 있는지 모르지만 그를 떠올리면 그리움이 인다. 사람은 오래된 사람이 좋고 물건은 새 것이 좋다 했으니 새 차에 정을 붙이기 시작하면 잊히려나.

(20090706157)

어미

'졸리'는 하얀색 털이 길고 몸은 어린 송아지만한 게 풍기는 품새가 만만치 않은 세 살쯤 된 개다. 갓난 강아지 모습 때부터 보아서인지 미끈하게 성숙해가는 모습을 볼 때마다 대견했다.

몇 달 만에 찾은 졸리는 모습이 영 달라있었다. 그동안 새끼를 낳아 어미가 되었단다. 열두 마리 새끼를 낳은 지 달포쯤이라고. 반질반질 윤이 나던 하얀 털은 부스스해졌다. 등과 일자이던 배가 아래로 축 처지고 헤아리기도 힘들만큼 많은 젖꼭지들은 젖이 퉁퉁 불어 걸음을 옮겨놓을 때마다 출렁거렸다. 열두 마리 중 몇 마리는 잃고 예닐곱 마리가 젖꼭지를 물고 놓아주지 않아도 느긋한 모습이 차라리 처연해 보였다. 몇 달 전 기세등등하던 졸리는 상상이 안 될 정도였다.

여름 내내 밭에 가면 이유모를 처연함이 가슴을 눌렀는지 졸리를 보면서 해답을 알게 되었다. 지난봄부터 백여 평의 밭에다 갖가지 채소를 심었다. 가짓수를 헤아리기도 힘들 정도로 갖가지 채

소를 심었다. 별명으로 농촌진흥청 연구소라며. 그런데 여름이 다 가오면서 열매가 달리기 시작했다.

한 알의 콩을 심었는데 가지마다 열리는 개수는 이루 헤아릴 수가 없을 정도로 많았다. 고추도 한 그루에서 한 잎마다 한 개씩 열린 듯 주렁주렁 달렸다. 가지는 어떻고. 방울토마토며 열매가 열리는 채소의 생산력은 경이로웠다. 주말마다 따내고 나면 또 열리고 또 열리고. 처음에는 신기해서 어쩔 줄을 몰랐다. 그다음엔 대견했고.

팔월이 막 지나갈 때쯤부터는 기분이 묵직하기 시작했다. 한 여름 땡볕아래 열리고 또 열리기를 하더니 여름 열기가 조금씩 물러앉기 시작하면서 채소 줄기도 그 빛이 변하기 시작했다. 콩도 방제를 안 한 탓에 병이 들기 시작해서 콩깍지마다 까맣게 마르기 시작했다. 가지 잎도 조금씩 누렇게 뜨기 시작했고, 고추도 빨갛게 익기도 하고 탄저병이 들어 그루 채 시들어 버리기도 했다.

구월에 들면서 여름 채소들의 줄기가 본격적으로 시들기 시작했다. 그런데 잎은 누렇게 생기를 잃고 줄기는 시드는데 열매는 더 많은 개수가 달렸다. 가지는 마디마다 주렁주렁 달려서 재대로 자라지도 못하는데 또 열리고 또 열리고. 방울토마토는 줄기가 이겨내지 못하고 지지대마저 쓰러졌는데도 땅바닥에다 배를 척 깔고도 열매를 달았다. 징그럽도록.

졸리의 젖가슴을 보면서 방울토마토의 줄기를 떠올린 것이다.

어미. 이미 왕성할 철이 지났는데도 생명이 있는 한 종족을 남기겠다는 본능이었다. 식물이 말을 하는 것이 아니니 소리를 들을 수 없다 해도 그가 의도하는 몸짓이 어미의 본능인 것을 알겠다. 정말 징그럽도록 처연한 몸짓을.

새삼 '어미' '엄마'라는 의미에 대해 생각하게 된다. 내게도 엄마가 있고 나 또한 두 총각의 엄마다. 엄마도 나에게 나도 아이들에게 졸리 같고 방울토마토 같은 본능적 보호의식이 있는 것일까. 마음 깊은 곳을 들여다보면 어쩌면 동물이 식물보다 덜 본능적인 것 같다. 인간이 가장 약삭빠르다는 표현이 맞을까.

사람은 시들어 늘어지도록 종족보존이나 번식에 힘쓰지 않는다. 자식도 자신의 행복이나 필요에 따라 선택하는 게 요즘 세태다. 좀 더 효용적인 위치에 서있는 자식을 편애한다. 모성은 무한하다고 표현하지만 결코 그렇지만은 않은 게 사실이다. 생각하는 동물의 폐해일 수도 있다.

하지만 모성은 모든 사랑의 근본인 것만은 사실이다. 가장 늦게 계산하고 가장 어리석게 계산하는 게 어미 사랑이라는 것은 부인할 수 없다. 맛 나는 것은 내 입보다 먼저 생각나는 게 자식입이고, 눈에 고운 것은 꼭 자식 눈에 넣어 주고 싶은 게 어미 마음인 것을 안다. 그러고 받는 대가는 그리워해도 죄 되지 않는 권리, 기다릴 수 있는 권리 그것인 것.

(20051023112)

유월 장미

장미가 암술까지 드러나 보이도록 활짝 피었다. 붉은 꽃송이들이 줄기가 늘어지도록 달렸고 넝쿨 아래에는 이미 지쳐 떨어진 꽃잎들이 어수선해 보인다. 더 이상 화려해질 여지가 남지 않은 유월 장미다.

동갑내기 친구 넷이 점심을 먹고 찻집에 들렀다. 요즘 유행하는 목조 건물에 지붕은 너와집처럼 꾸며 놓은 집이었다. 이왕 집 밖에서 마시는거니까 분위기 좋은 찻집으로 가자는데 의견이 모아진 것이다.

전망이 좋은 곳을 찾아 앉자는 생각에 나무 계단을 밟고 위층으로 올라갔다. 2층에 올라서는 순간 이게 웬일인가. 수십 명의 아줌마들이 일제히 우리 일행을 향해 눈을 돌리는 것처럼 따가운 시선을 느꼈다. 확 덮쳐 오는 소음에 잠시 정신이 멍했다.

반 지하 방에서 연탄을 연료로 사용하던 때 일이었다. 계단 밑에 있는 연탄 창고 문을 열었다. 비스듬한 창고 벽에 귀뚜라미들이 가득 붙어 있었다. 문을 여니 빛이 들어오는 것을 경계하며 반질반질한 눈으로 귀뚜라미들이 일제히 나를 쳐다보았다. 소름이 끼치도록 섬뜩하던 그때의 기분이 일순간 머리를 획 지나갔다. 친구 중 누가 먼저라고 할 것도 없이 쫓기듯 계단을 도로 내려와서 아래층 구석자리에 앉았다.

한 방 가득 아줌마들이 앉아 있는 모습은 보기가 싫다. 한 사람씩 따로 보면 미인도 많고 세련된 옷차림에 우아한 멋을 낸 여인들도 많다. 어디에서도 찾아볼 수 없는 포근함을 내뿜기도 한다. 그런데 아줌마들이 모여 있기만 하면 시끄럽고 천박스럽기까지 할까. 모여서 시끄럽지 않는 부류가 없는데 어쩐지 아줌마들이 떠드는 소리는 더 귀에 거슬리는지 안타까운 마음마저 든다. 화병에 꽂은 꽃들이 한꺼번에 활짝 피었을 때 오히려 책상 아래로 살그머니 내려놓는 마음처럼.

나는 아줌마다. 가장 아줌마다운 40대 한복판에 있다. 아줌마라고 부르면 돌아보지 않던 때도 있었지만 앞으로도 뒤로도 손색이 없다. 거기다 쇠심줄보다 질기고 뻔뻔스럽다는 아줌마 정신을 시와 때를 맞추어 완벽하게 발휘해 댄다. 그러니 아줌마로서 할 말도 많다. 아줌마일 수밖에 없는 이유나 변명이라도 늘어놓아 이해받고 싶은 게 마흔 중반의 여자 자존심이라고 해둘까.

자녀들이 중·고등학생이 되면 오전 여덟 시부터 오후 네 다섯 시까지는 자유로운 시간이 된다. 여유로운 시간 이웃끼리 모여 차라도 한 잔 하면 날마다 모여 앉아 차나 마시며 소일한다고 비난한다. 오전 방송은 주부를 주 시청자로 프로그램을 편성한다면서 오전 내내 TV만 본다고 TV 속에서 흉을 보고 있다. 집 근처 문화 교실에 강좌라도 들으려 다니면 또 문제를 삼는다. 친구들 세넷이서 친목을 다진답시고 점심이라도 한 끼 하면 '점심시간에는 식당에 온통 여자들 천지'라고 비난한다. 밤에 다니란 말인가.

요즘에는 아줌마라는 이름이 지탄의 대상이다. 지하철에서 자리만 나면 뛰는 게 아줌마들이라지만 자리를 양보하는 남자도 학생도 없더라. 오히려 노인들에게 자리를 양보하는 사람은 아줌마들인 것을 부인하지는 못할 것이다. 백화점 한정 판매 코너에서 서로 사겠다고 아우성을 치는 모습도 한 발자국만 물러나 생각하면 그런 모습이 나라 경제를 성장시키는 밑거름이 아닌가. 알뜰하면 짜 보이고 조금 넉넉하게 행동하면 헤프다고 야단이다.

아줌마도 문화가 있다. 이십 년 전에 나온 가요를 신세대 가수가 재생해 부르는 것을 따라 불렀더니 '엄마도 그런 노래 알아요?' 하며 아들은 의아한 표정을 짓는다. '열린 음악회에 나오는 조영남 아저씨도 한때는 청바지에 고무신을 신고 무대에 오르는 치기어린 젊은이였다'고 했더니 픽 웃고 만다. 그 나이에 무슨 치기? 하는 표정이다.

우리가 20대였을 때 포크송이 나왔고 가수 김정호가 죽었다고 며칠씩 끼니를 굶기도 했노라고 해도 영 믿으려 들지 않는다. 아줌마도 일상을 훌훌 벗어 던지고 자유롭게 여행도 하고 싶고 연애하던 옛 연인이 가끔 그리워지는 가슴을 가졌다고 하면 또 풋감 씹은 표정을 하겠지. 그래도 마음을 곧추세우고 서 있을 수 있는 것은 아줌마는 아내이고 어머니이기 때문이다.

'어머니'라는 말에는 감동한다거나 가슴에 새긴다느니 미사여구를 씌우면서 모든 어머니는 아줌마인 것은 왜 잊어버릴까. 돌아와 거울 앞에선 누님도 아줌마이고, 신사임당, 퀴리 부인도 아줌마였다. 아줌마는 따로 태어나는 것이 아니고 소녀에서 아가씨를 거쳐 아줌마 자리까지 왔노라고 외치고 싶다. 봉오리 장미가 아무리 예뻐도 활짝 피어서 벌을 부를 수 있을 때 존재의 의미가 있는 것이 아닐까.

찻집에 들어갔다가 놀라 내려온 것처럼 아줌마들이 무리 지어 있는 모습을 대하면 왠지 부끄럽고 섞이기 싫은 마음이다. 아마 내 또래 아줌마들의 공통적인 생각이 아닐까. 담장 아래 우수수 떨어져 누운 장미 꽃잎을 보면 애정이 가면서도 외면하고 싶은 이상한 마음처럼. 장미도 꽃잎이 흐드러지게 피었다 지고 나야 씨방이 여문다. 그처럼 사람 사는 세상에는 유월 장미 같은 아줌마 섶에서 다음 세대의 씨앗들이 자라고 있다. 생긴 대로 보아 달라고 하기엔 약간의 무리가 있지만 완벽한 세대는 어디 있는데?

꽃봉오리들은 다발로 묶어놓아도 예쁜데 흐드러지게 핀 꽃은 한 송이로 있을 때 우아해 보인다는 것을 생각해 본다. 그리고 유월

산길에는 하얀 들장미의 수수하고 조용함도 있지 않는가. 어머니 냄새 같은 찔레꽃의 은은한 향과 장미의 화려함이 잘 어우러지도록 뒤 매무새도 챙겨볼 일이다. (1999060369)

유행과 나

거울을 들여다본다. 립스틱을 바른다. 얼굴에서 입술만 도드라져 보인다. 철쭉꽃색 립스틱은 역시 어울리지 않는다. 립스틱을 닦아내고 입술을 안으로 오므려본다. 약간 작아 보이지만 어색하다. 열 살 남짓 때부터 거울을 들여다 볼 때마다 지어본 표정이기도 하다.

내 입술은 도톰하다. 입술이 도톰하다보니 입술 색도 진하다. 어떤 색깔의 립스틱을 발라도 마땅히 어울리지 않아 늘 바르는 듯 마는 듯한 게 내 입술모습이다. 그래서 짙은 분홍색 립스틱을 바르면 작은 꽃잎 같은 입술을 부러워해 보지만 부러움일 뿐이다.

그런데 이삼 년 전부터 도톰한 입술에 커피 색 립스틱이 젊은 여성들 사이에 유행되는 패션이란다. TV에 출연하는 젊은 여배우들이 아랫입술을 성형을 해 하나 같이 도톰한 모습인 것도 유행 때문이라고 한다.

어느 화장품 회사의 립스틱 광고에서 '섹시' 열풍을 일으키는 바람에 유행을 한다나. 40년 만에 내 입술이 최신 유행이 된 것이다. 거기다 내 입술은 밝은 색 립스틱이 어울리지 않아 거의 갈색 계통만 사용했는데 요즘은 다들 그런 색깔을 바른단다. 도톰한 입술이 섹시해 보인다는데 여태껏 내 입술더러 섹시하다는 사람은 없었다. 배우들이 성형하는 입술 형하고는 다른가 본데 어쨌든 도톰한 모습이 유행형인 것만은 사실이다.

'배낭 아줌마'는 내 별명이다. 10여 년 전 업고 다니던 작은아이가 걷기 시작하면서 배낭을 메고 다녔다. 시장이나 백화점 등 복잡한 곳으로 외출할 때 아이들 손을 잡고 나면 물건을 들고 다닐 손이 모자랐다. 그때 생각해낸 것이 배낭이다. 업었던 아이와 짐보따리 위치가 바뀐 것이다.

그런데 배낭을 메고 다녀보니 편리한 점이 한두 가지가 아니다. 무거운 짐을 두 팔로 들 때보다는 힘이 덜 들고 두 손이 남으니 버스나 전철을 타도 손잡이를 잡을 수 있어 안전하고 물건을 놓고 다니는 실수도 없다. 또 오십대가 되면 어깨가 아프다는 오십견을 예방하는 한 가지 방법이 될 것도 같다.

시립도서관에 책을 대출하러 갈 때 배낭은 책가방이기도 하다. 책은 부피에 비해 무거워 대여섯 권을 들고 다니기는 힘들어도 메고 다니면 크게 힘들지 않다. 그리고 책가방을 어깨에 메면 학생이 된 듯해 발걸음이 경쾌해진다. 배낭 차림으로 십여 년 도서관엘 다녔는데 도서관 직원들 사이에서는 별명으로 '배낭 아줌마'로 통하고 있다.

요즘 배낭이 유행한다. 대학생들, 멋쟁이 아가씨들, 아줌마들까지 핸드백이 배낭형으로 바뀐 것이다. 다양한 모양과 실용적으로 디자인된 예쁜 배낭을 멘 모습들이 거리에 활보한다. 초·중학생들만 배낭형 책가방을 메고 다닐 때 배낭 멘 모습은 유난해 보였나 보다. '배낭 지고 어디 가느냐'고 우스개로 인사하던 친구들도 요즘은 다들 핸드백이 등에 있다. 그러고 보면 내 배낭 패션은 7, 8년 앞선 편이다.

그리고 책읽기다. 언론에서 부쩍 교육에 관한 이야기만 나오면 사교육비와 독서가 감초처럼 나온다. 사교육비를 줄이는 방법으로 책을 많이 읽는 학생이 유리한 교육제도가 갖추어져야 한다고 몇 번씩 강조되곤 한다. 그런 이유 때문인지 주변에서 책읽기 교육에 대해 관심이 많아졌다.

작은아이가 대소변을 가리면서 두 아이를 데리고 도서관엘 다녔다. 시립도서관에서는 무료로 책을 대출해 주기도 하고 국내에서 발간되는 월간지는 다 갖추어져 있어 필요한 책을 마음껏 읽을 수가 있다. 아이들은 그림책에서부터 동화책과 세계문학까지 체계적으로 독서를 해온 편이다.

책값으로는 계산하기 어려울 정도로 좋은 책들을 실컷 보면서 자라왔다. 그랬기에 요즘 말하는 '책읽기 공부'는 이미 더 이상 노력할 부분이 없을 정도가 되었다. 어릴 때부터 읽어온 덕택에 독서력도 대단하고 이해력과 상상력 등 독서에서 얻을 수 있는 것들을 많이 섭취한 것 같다. 책을 많이 읽는다고 신체 한 부분이 특별해 보이지는 않는다. 하지만 보이지 않는 생각의 샘이 맑고 깊다는 것은 어려운 일에 부딪혔을 때 모습을 볼 수 있다. 사춘기를 넘기는 모습도 그렇고 주변을 돌아보는 마음이라든가 자신의 미래에 대해서도 어른스럽게 계획하는 모습에서 듬직함을 본다.

내 결혼사진을 보면 유난히 입을 오므린 모습을 하고 있다. 도톰한 입술에 대한 콤플렉스가 여간 아니었음이 분명하다. 요즘은 입술 생긴 대로 연한 갈색 립스틱을 발라도 무난해 보인다. 입술에 대해서 특이하다거나 오므려 작게 보이고 싶다는 생각을 하지 않게 된 것이다. 세 살부터 도톰한 입술이었는데 마흔이 넘어 '섹시'의 유행을 타고 그동안의 값을 치러 받는 것일까. 그리고 셋방을 벗어나는 게 생활의 목표였던 시절에 돈들이지 않고 여가 선용을 할 수 있었던 도서관 찾기, 독서 토론이 십오륙 년 후인 지금에 와서 유행될 줄이야.

유행이니 패션이니 하는 것에 한 번도 솔깃해 보지 않았다. 그래서 유행이라는 말과 나를 생각해 보면 고장 난 시계가 떠오른다. 하루에 두 번은 정확한 시각을 가리키는 정지한 시계처럼 내 생긴 대로 그 자리 그 모습으로 살다 보니 두어 번은 유행을 맞춘 것 같다. 유행은 끊임없이 변해 가는 것이기에 따라가다 보면 늘 뒤따라가기 십상이다. 제 모습대로 각자의 환경에 맞는 자리 지키기를 한다면 한 번쯤은 유행의 기수가 되어 있기도 한 것을 생활 속에서 경험한다.

앞으로 10년, 20년 후 무엇이 유행할지 안다. 아무것도 하지 않는 것 같은 지금의 내 모습이 그때 유행할 테니까. 구체적으로 오늘 하고 있는 일은 비밀로 해두자. 유행의 정보가 누출되면 안 되니까.

(1998051357)

책값 삼만 원

친정 부모님이 다니러 오신 지 며칠 지나서였다. 저녁 늦은 시간까지 TV채널을 바꿔가며 연속극을 보시던 어머니가 '너희 집에는 같은 책이 몇 권씩 꽂혀 있더라'며 궁금해 하셨다. 월간수필지와 지난해 엮은 동인지가 대여섯 권씩 나란히 꽂혀 있는 것을 보신 모양이다. 쑥스러워 선뜻 내놓지 못하고 있던 참이었는데 물어오신 김에 '동인지' 이야기를 했다. 듣고 있던 어머니는 진작 보여주지 않았냐고 하시며 돋보기를 끼고는 당장 책을 들고 앉으셨다.

불빛 아래서는 글자가 잘 안 보인다며 침침해진 눈을 닦고 또 닦으면서 한참만에야 책장을 넘겼다. 「알뜰주걱」이란 제목의 수필 한 편을 읽으시고 돋보기를 내려놓으며 '그때는 그랬다'며 옛날 일들이 떠오르는 듯 입속말을 하였다. 그리고는 다시 안경을 끼고 책을 집어 들었다.

아침에 일어나 거실에 나서니 아버님이 「한양수필」을 읽고 계셨다. 엊저녁 어머니와 책 이야기를 할 때 아버지는 주무셨고 그 시각에는 어머니가 아직 일어나지 않았다. 새벽녘 잠시 잠이 깬 사이 두 분이서 주고받았을 이야기들을 생각해보니 선뜻 보여드리지 못하고 미룬 일이 오히려 미안했다.

커튼을 밀고 유리벽 앞에 다가앉아 아침 내내 책을 읽고 계시는 아버지 모습을 보면서 나는 천만의 독자를 얻은 듯 행복했다. 식사를 준비하다가, 식탁을 훔치다가도 돌아보면 아직도 책에서 눈을 떼지 않는 모습이 그렇게 멋지고 고마울 수가 없었다.

아버지는 아침 식탁에서 책에 관한 것들을 화제에 올리셨다. 글을 올린 회원들은 어떤 사람들이냐, 몇 권이나 만들었느냐, 서점에서도 파느냐는 등 조목조목 관심을 보이셨다. 나는 자랑삼아 평소 생각보다 더 부풀려 문우회 분위기나 실력, 책의 비중 등에 대해 늘어놓았다. 그리고 두어 권 가져가서 천천히 두고 보시라고 했다.

그런 일이 있은 며칠 후 부모님은 댁으로 돌아가게 되었다. 한 열흘 계시는 동안에 있었던 이런저런 이야기를 하던 중에 아버지가 지갑을 꺼내시더니 '삼만 원'을 내놓으셨다.

"쓰기도 어려운 세상이고 어렵게 쓴 글을 읽는 사람도 드문 세상이더라." 두 권은 선물로 받겠지만 여섯 권의 대금은 놓고 가겠다는 말씀이시다. 무슨 영문인지 어리둥절해 하니 '한양수필' 동인지를 들먹였다.

동인지는 가까운 지인들에게 선물하는 책이며 대금을 받고 팔지는 않았다고 설명을 했다. 성의껏 읽어주는 것만으로 대가를 대신 한다고. 두 분이 관심을 보여 주는 모습에서 이미 글값은 충분히 얻었다고 했다.

하지만 아버지는 맨 뒷장을 펴면서 책값이 오천 원으로 매겨져 있다는 것이다. 책을 발행하는데 어찌 비용이 들지 않았겠느냐고 하며 여러 권의 책을 사주지는 못하지만 여섯 권을 가져가겠다고 했다. 필요하면 몇 권을 더 드리겠다고 했더니 당신이 이웃에 선물을 하겠다며 선물할 책을 그냥 가져갈 수는 없다고 고집이셨다. 몇 번을 우겨봤지만 굳이 책값 삼만 원을 놓고 가셨다.

부모님을 터미널에 바래다 드리고 돌아오니 거실 탁자 위에 삼만 원이 동그마니 놓여 있다. 가만히 왼손 손바닥 위에 올려놓고 오른손으로 눌러 감싸 쥐어 본다. 손바닥이 뜨끈뜨끈해지면서 땀이 난다. 살며시 오른손을 들어올린다.

삼만 원. 아버지 마음이 보인다. 오만 원, 십만 원도 아닌 액수. 선물로 드린 두 권 값 만원일 수도 있고, 두 권에다 세 권을 보탠 다섯 권일 수도, 열권을 채우느라 사만 원일 수도 있다. 책값으로 약소하지도 않고 부담스럽지도 않을 만큼의 액수에 책 권수가 맞추어진 것을 알 수 있다. 물론 이렇듯 상세하게 계산하지 않았겠지만 아버지는 내 마음을 읽고 계셨던 것이다.

책을 처음 받아 왔을 때였다. 웬 책이냐고 묻는 큰아이에게 가까운 친구들에게 몇 권 선물하라고 했더니 아이는 대뜸 '학교에서 폐품 수집할 때 낼까요?' 하고 대답했다. 물론 아이는 우스갯소리로 했겠지만 그 말을 듣는 순간 얼굴이 화끈거렸다. 평소에 글을 쓰느니 책을 읽느니 하며 나다니는 내 생활에 불만이 있는 것 같았고, 그런 모습이 아이 눈에는 좋아 보이지 않았구나 하는 생각이 들었다.

그런데 아버지가 놓고 가신 책값을 보면서 정성스럽게 읽고 계시던 부모님 모습과 툭 내뱉던 아이의 폐품 운운하던 표정이 나란히 떠올랐다. 언제까지고 변치 않을 나의 독자들이며 글 내용이야 무엇이든 상관없으리라. 문법에 오류가 있다한들 대수며 작품성이 모자라더라도 애정에는 변함이 없겠지. 내 속에서 퍼 올린 진실된 울림은 부모님의 마음에 가 닿으리라는 것을 믿는다. 새삼 조건없이 애정으로만 지켜봐 주는 가슴이 있다는 것이 얼마나 큰 행복인지를 진하게 느껴본다. 그리고 세상 모든 눈들이 어쭙잖게 보더라도 내가 토해낸 노래는 노래로, 한숨은 한숨으로 보아주는 부모님이 계신 것이 감사할 뿐이다.

가슴 깊숙이 가라앉아 있는 이야기들을 연필 끝을 넣어 휘휘 저어 떠올리리라. 돋보기를 쓰고 한 손으로 책을 어루만져가며 읽으시던 부모님 모습을 간직하는 한 문학 수업은 끝나지 않으리라.

(1998011650)

신문에 난 고향

시월 중순쯤 고향이 매스컴을 탔다. 저녁 9시 뉴스에서 축 늘어진 백로 날개를 한 손에 모아 잡은 기자가 나와서 '경남 거제시 사등면 사두섬' 하고 외어댄다. 귀가 번쩍 뜨여 TV 앞에 바싹 다가앉아 볼륨을 높였다.

처음 TV에서 지역 명을 말할 때는 늘 마음속에 그리던 옛 친구를 우연히 만난 것처럼 반가워서 흥분했다. 그런데 백로와 왜가리 몇 백 마리가 떼죽음을 했단다. 정확한 원인은 밝혀지지 않았지만 오염된 물고기를 먹고 중독된 것 같다고 한다. 낯설지 않은 마을 할머니는 기자가 묻는 말에 손짓을 해가며 대답을 하고 화면은 바뀌었다.

그곳에서 새들이 죽었단다. 많은 새들 중에서 백로가 하필이면 거기서 죽었을까. '백로'는 이름만으로도 흰빛의 우아함과 귀함을 떠올리게 하는 새가 아닌가. 왠지 모를 허탈감이 왔다. 서운함과 배신감 뒤에는 안타까운 마음까지 들었다. '백로'라는 새가 주는 특별한 이미지와 환경문제라는 점 때문에 백로의 떼죽음은 앞으로도 이야깃거리가 될지도 모른다. 다행히 잠시 지나가는 뉴스였으니 많은 사람들이 백로가 죽었다는 이야기와 구체적인 지역 명까지는 연관 지어 기억하지 못했기를 바랐다.

그런데 11월 들어 구독하는 일간지 문화면에 그곳 풍수에 대한 기사가 전면에 걸쳐 다시 실렸다. 지난번 백로와 왜가리 떼가 죽은 사건으로 인해 관심을 가지다 보니 신문의 기획물 대상이 되었나 보다. 기사는 세 컷의 사진까지 곁들여서 그 지역의 '풍수'에 대해 여러 이야기를 하고 있었다. 풍수에 의하면 백로의 떼죽음 사건도 뱀이 개구리를 잡아먹으려는 형상이라서 생겼다는 것같이 설명을 하고 있었다.

그곳은 내 고향이다. 임진왜란 때 쌓은 큰 성(城)이 동네를 감싸고 있어 '성내'라는 이름을 가졌다. 유년 시절의 정서가 거기서 싹터서 입김 속에서 자랐고 훗날 죽어서 한줌 가루가 되어 돌아가고픈 곳이다.

바닷가 동네는 어느 뭍보다 봄이 먼저 온다. 2월이면 바닷바람은 거세게 불어도 언덕배기나 논두렁에 쑥이 나오면서 봄이 시작된다. 보리밭 고랑 사이로 복새풀이 소복이 돋아나면 바다 물빛도 연두색으로 봄단장을 한다. 그렇게 시작된 계절은 멸치잡이 배에서 들려오는 뱃노래가 아침잠을 깨우기 시작하면 여름이 저만치 왔다는 신호이다.

여름에는 백로 때문에 유명세를 타게 된 사두섬이 꿈의 산실이었다. 사두섬까지는 뱃길 십리라고 했지만 팔을 쭉 펴면 닿을 것 같이 가까이에 있다. 나는 한 번도 헤엄쳐 사두 섬에 가보지 못했지만 해수욕 철이면 거기까지 헤엄쳐 갈 수 있는 친구, 갔다 온 친구들의 무용담이 늘 화젯거리였다. 캄캄한 여름밤 선창가에 앉아 밤바다에 손을 넣어 저어 보면 손가락 모양을 따라 시거리들이 반짝이를 일으키며 별을 만드는 바다다.

이때쯤이었을까. 할아버지는 새벽 어장에 들러서 지난 밤 어획한 도다리나 전어를 사오셨다. 생선들은 손질을 하려고 도마 위에 놓으면 눈을 끔벅이며 쳐다보다가 펄쩍 뛰어올랐다. 몸통이 반토막으로 잘려도 눈은 끔뻑거렸고 꼬리는 꼬리대로 파닥거리며 뛰어다녔다. 그 생선으로 요리한 아침 밥상에서 생선을 싫어하는 아이가 되었고 가을 전어는 깨가 세 되 들었다며 숯불에 구어 소금이 허옇게 뒹구는 생선을 통째 씹어 먹는 모습에서 어른이 되기 싫었던 어린 시절이었다.

날씨가 추워지면 바다는 짙은 군청색을 띤다. 부산에서 통영까지 다니는 여객선이 진해만에 들어올 때의 풍경이 떠오른다. 짙푸른 수평선 위에 하얀 점 하나가 차츰차츰 커지다가 드디어 배 모양으로 갖추며 다가온다. 4시간이나 걸려 첫 기항지에 도착한 여객선은 섬을 돌아 성포항으로 들어가면서 붕-하고 낮고 길게 뱃고동을 울린다. 뱃고동은 시골 마을에 시간을 알려주는 자명종이기도 했다.

겨울바람으로 밤새 문풍지가 울고 나면 아침바다는 허연 이빨을 드러내고 으르렁거리는 폭군이 되었다. 어디서부터 오는지 끊임없이 하얗게 밀려오던 파도. 그때는 여객선도 끊어지고 진해만 안에 작은 섬만한 군함들이 쭉 줄지어 서 있었다. 거센 바람이 불면 왜 군함들은 깊은 바다로 나올까 하고 궁금했다. 큰 바다에서 바람을 피해 들어왔다는 것을 안 것은 한참 후였다.

바다는 나의 놀이터였다. 썰물 때면 갯가에 나가 돌멩이를 뒤져 해삼을 잡아 우적우적 씹어 먹기도 하고, 돌멩이에 붙은 굴을 까먹기도 한다. 조그만 배 위에서 자전거 바람 넣는 것처럼 잠수부에게 공기 넣는 것을 보면 "머구리 숨구멍에 방귀 까 넣어라."며 목청껏 외쳐대곤 했다. 그때는 양식업도 할 줄 몰랐고 스티로폼도 없었다. 발목까지 올라오는 바다 잔디만 파란 머리띠를 하고 있었다. 사두섬 앞 바닷가에 폐 스티로폼이 어지럽게 떠 있는 사진을 보면서 가슴 한 쪽이 묵직해 옴을 느낀다.

시중 월간지에 '작가의 고향'이라는 특집이 있다. 화보와 함께 작가의 문학성을 키워 주었던 고향의 이야기들이 실려 있다. 오래전부터 그 책을 읽을 때마다 문인이 되어 고향을 세상에 소개하리라고 다짐해보곤 했다. 마음 속에 자리하고 있는 아름다운 꿈이 담긴 유년의 이야기들을 구슬 꿰어 목걸이를 만들 듯 그렇게 내놓으려고 했던 것이다.

하지만 나는 아직 작가가 되는 길목에 들어서지도 못했는데 그 새 고향은 애정 없는 붓끝으로 만신창이가 되어 세상에 나와 버렸다. 풍수 때문인지 그 동네에서는 큰 부자나 높은 권력가가 나왔다는 소문이 아직은 들려오지 않는다. 물론 유명한 문인도 없다. 풍수는 그렇더라도 좀 더 기다려 주지. 넉넉히 20년만 더 기다려 줄 수는 없었을까. 내가 '작가의 고향'에 소개할 때까지 기다려 주지 못한 고향이 야속하기도 하다.

바닷바람에 실려 계절이 오고 달콤한 이야기가 주렁주렁 열리던 동네. 고개만 들면 바다가 나를 바라보고 있었고 바다가 늘 따라다니던 고향이었다. 물 빠진 갯 잔디에 갈매기가 한 무더기로 앉으면 바닷새의 끼룩거림과 파도 소리가 멋진 화음을 이루기도 했는데….

신문에 보도된 대로 오염된 환경과 풍수 때문에 백로가 죽었을까. 백로는 그의 자태처럼 아름다운 곳을 찾아가서 죽은 것은 아닐까.

(1997110148)

마흔 예찬

이제 마흔이다. 어떤 이유를 붙여도 모자라지 않는 꽉 찬 마흔 살이다. 열다섯 이후 키도 자라지 않고 정서도 자라지 못한 것 같은데 중년의 나이에 들어선 것이다. 막상 마흔 고개에 앉고 보니 인생의 등반길에서 내가 오를 수 있는 최정상이라는 것을 느끼게 된다. 내려다보니 골짜기 굽이마다 낭떠러지마다 용케 견뎌내고 여기에 도달했다는 것이 대견하다.

마흔이 참 좋다. '不惑'의 나이라는 옛말이 참으로 옳다는 경험을 하기 시작한다. 마흔 살이 되니까 사람이 필요하지 않다. 혼자 있을 때면 '외롭다' '고독하다'고 전화를 하고 시간대에 상관없이 불쑥 찾아 나서곤 했다. 이제는 외로움도 보고 싶음도 마음속에서 다 해결이 난다.

삼십대 중반을 넘어서면서 여러 번 일상사의 큰 회오리를 겪은 영향인지 생활의 변화에 대해 두렵지 않다. 어떤 상황이든 주어지는 대로 받겠다는 마음이 있다. 욕심낼 수 있는 부피를 조정할 수 있기 때문에 밤새워 술을 마실 이유도 없다. 초저녁에 시작해 새벽까지 전화할 흥분된 이야기도 없다. 밤을 꼬박 새워 읽을 책도, 읽고 싶을 만큼 흥미로운 책도 없다. 나를 지치도록 보채게 하는 시간이 없어져서 좋다.

이십여 년을 지고 다닌 지적 허영의 짐을 벗어버릴 수 있어서 마흔 살이 더욱 좋다. 늘 보이지도 만져지지도 않았지만 가장 힘겹게 짓누르던 배움에 대한 갈증을 누더기 벗어 불 속에 던져 버리듯 벗어 던졌다. 한여름에 담요를 둘둘 말고 다닌 격으로 내 의식에 얼마나 많은 땀띠를 나게 했던가. 속에 지고 다니던 누더기를 벗어 내고 나니 그 아래 맑은 우물이 있는 것을 발견한다. 우물은 자꾸 퍼내야 썩지 않는 법을 안다. 맑은 물이든 탁한 물이든 퍼내야 하는 나이가 된 것이다.

지식이든 앎이든 담기보다 들어내야 하는 것을 깨닫기 시작하면서 자꾸 가벼워지는 것을 느낀다. 어느 화가는 육신은 소모품이라 먹고 걸쳐서 보탤 것이 아니라 많이 써야 하는 거라던 말이 실감나기 시작한 것이다.

요즘은 '흰머리 인사'를 자주 받는다. 정수리 부분부터 흰머리가 많이 나기 시작했다. 서른일곱 살쯤에 처음 흰머리가 생기기 시작했다. 얼마 동안 뽑기도 하고 아이가 뽑아 주기도 했다. 마흔에 들면서 일절 손대지 않는다. 그러니까 갑자기 희끗희끗 드러나 보인다. 하지만 늙었다든지 노쇠 현상으로 흰머리가 났다고 생각 들지 않는다. 마흔 살 초반의 흰머리 인사는 애교로 들린다.

아직은 아들이든 딸이든 얼마든지 낳을 수 있는 여자다. 갱년기 전의 흐드러지게 핀 장미 같은 나이일까. 활짝 핀 장미가 싫어지고 멍들기 시작한 꽃잎을 외면하고 싶은 나이. 하지만 꽃의 형상을 갖고 있는 아름다운 나이이다. 석류 같은 나이라고들 하더마는.

'서른에는 눈가의 주름을 보고 마흔에는 아랫배를 본다.'는 말이 정말 실감난다. 어느 순간부터 아랫배가 조금 나오기 시작했다. 몇 년 전에 입었던 원피스를 입어 보면 체형이 전혀 달라졌다는 것을 느낄 수 있다. 조금씩 나오기 시작하는 아랫배는 꼿꼿한 허리를 위해 필요하다고 또 애교로 밀어붙인다.

이제는 남편과 건장한 모습을 갖춘 두 아들이 양 날개를 감싸고 있는 듯 따뜻하게 느껴진다. 그들이 가지고 들어오는 사건들이 가끔씩 나를 긴장하게 해주어 늘 깨어 있게 한다. 이른 아침 도시락을 싸주어야 하는 일이 나의 정성을 요구하기에 부지런하게 한다. 아직은 내가 법정 보호자라는 것이 참 좋다.

신문 배달을 위하여 새벽 세시 반이면 일어나 나가는 새벽길이 무섭지 않다. 인신매매 대상에서는 이미 제외된 중년 여자라는 것이 편하다. 중년이란 나이가 말 그대로 부모님의 보호자, 아이들의 보호자 역할로 딱 중간에 선 나이라는 것이다. 쓰임새가 있다는 것은 존재 의미를 뜻한다. 존재 의미는 값어치가 있다는 것이고 그래서 나는 마흔 살이 좋다.

공자는 '耳順'에 귀로 듣는 대로 모든 것을 순조롭게 이해한다고 했다. 이순이 아니라서인지 아직은 모든 것을 이해하지는 못한다. 그렇지만 아무것도 보챌 일이 없는 담담함과 내게 주어진 상황에 대해서는 이해되지 않는 것이 별로 없다. 가장 가까이 있으면서도 많은 것을 이해하지 못했던 부분이 남편이었다. 남편을 이해하고 바라보니 새로 신혼이 시작되었다. 겉으로만 키 재기를 했었다. 그런데 그의 눈 속을 깊이 들여다보니 눈 속에 나의 그림자가 비치고 있음을 마흔에 올라서고야 알게 되었다.

이제 강변 가로수 사이로 강물이 보이기 시작한다. 십일월이면 강 수면이 드러나 보일 것이다. 물은 사람의 마음을 우울하게 한다하든가. 해마다 우울과 조증 사이에서 힘겹게 치러낸 가을이었다. 올 가을은 마흔의 안정감을 실어서 담담하게 수수한 수채화처럼 보내 보련다.

마흔 살은 구월 같은 나이이다.

(1996101526)

4.

오래된 미래

2010. 3. 11.

— 법정 스님 입적 —

육신을 주신 아버지가 떠나던 날
그날처럼 가슴이 멍하다.
내 의식을 키워준 아버지 같은 분이라서.
스물 갓 넘었을때 43세이신 법정스님을
처음 뵌 순간
새로 바른 창호지에 가을볕이 비치는
투명함의 색깔을 보았다 그분한테서—
그때부터 내 의식의 아버지가 된 분.
그분이 가셨다.
가는 일 보내는 일들에 익숙해지지 않는구나.
아직도.
말공해를 거두고 싶다고
그동안 펴낸 책을 절판하라고 유언하셨다.
꼭 필요한 것만 가지라고.
단순하게 사는 법을 다시 연습해야 한다.
아니 실천해야 한다.

뮤지컬 레 미제라블

예술의 전당에서 열리는 연주회에 갔다가 외벽에 크게 붙은 포스터가 눈길을 끌었다. 「레 미제라블」 뮤지컬. 초등학교 때는 「장발장」으로 읽었다가 고등학생 때 「레 미제라블」로 힘들게 읽었던 책이었다. 그리고 삼십 중반에 와서야 가슴 아픈 한 인간의 삶과 아름다운 사랑을 읽었다. 9백 페이지쯤 되는 장편 소설을 어떻게 뮤지컬로 표현했을까 하는 호기심과 책으로 몇 번을 읽었던 문학작품을 다른 장르로 만난다는 것이 마음을 이끌게 했다. 그러고 보니 일간 신문에 한 페이지짜리 광고가 몇 차례 걸쳐 나오는 것을 보았다.

아르바이트 한 달 보수를 봉투 째 들고 근처 백화점에서 4장의 입장권을 마련했다. 아이들 방학 선물로 마련한 것이라며 시간을 비우라고 보름 전부터 알렸다. 하지만 반가워하지도 않고 오히려 내키지 않노라고 불평을 하려 들었다. 다섯 단계로 나누어진 좌석 중 다섯 번째 D석이지만 나름대로 엄청난 사치를 한 것이었는데

신통찮아 하는 식구들 모습에 약간 맥이 빠져 있었다.

저녁 7시 30분에 시작한 공연이 밤 11시에 끝났다. 중간 휴식 시간 15분을 빼고도 3시간이 넘는 공연이었다. 우리는 전부 일어서서 손뼉을 치고 있었다. 가슴에 소용돌이치는 감동을 손뼉으로 표현해내는데 앉아서는 힘이 모자라면 자연스레 일어서게 되는 것을 경험한다. 기립 박수를 치는 모든 관중들이 같은 양의 행복함을 느낀다는 것을 알 수 있었다. 배우들의 뛰어난 가창력과 연기력이 매혹적이었다. 성능 좋은 CD를 듣는 듯 투명한 노랫소리가 극 내용의 분위기를 가슴에다 그대로 꽂아 주는 느낌을 받았다. 각자 자신이 맡은 역에 목소리가 그렇게 잘 어울릴 수 있을까 싶을 정도로 눈을 감고 들어도 배역을 알 수 있었다.

미스코리아 출신 여성은 TV연기자에 방송 MC에다 가수 그리고 때로는 코미디 프로까지 다 해내는 우리 실정과 비교되었다. 모든 기준을 외관으로 삼아서 시청자들로 하여금 때로는 불안하게 하는 경우를 많이 보아 왔다. 혹 실수하지 않을까 하고. 느낌이나 감동을 받는 것이 아니라 조바심을 갖게 하는 것은 전문성이 결여되어 있기 때문일 것이다. 연기는 연기자가 하고 노래는 성악 전문가가 하고 미스코리아 출신의 미인은 그들이 꼭 해야만 하는 '미인'으로서의 여성들의 자존심을 지키는 일을 해야 할 것이다.

인간의 능력은 무한할지 몰라도 한 개인이 이루어낼 수 있는 일은 극히 제한된다고 생각한다. 특히 많은 대중을 상대로 가슴에 울림을 전하는 것이 목적인 문화예술 분야는 외길이라는 뿌리 깊은 담금질이 있어야 한다는 생각이 든다. 장발장과 형사 자베르와 판틴을 그들의 언어로 노래하고 연기했다. 그렇지만 우리들이 감동할 수 있었다는 것은 인간이라는 공동체 뿌리에서 느껴지는 '혼신'이라는 공감대를 이루었기 때문일 것이다. 완벽하리만치 열렬한 연기와 배역에 잘 맞는 아름답고 우아한 성악의 어울림은 그쪽 분야를 잘 알지 못하는 나 같은 문외한도 감동시키는 힘이 있었다.

전문인이 드문 사회, 전문인을 키워 내지 못하는 문화는 접시만큼의 깊이만 갖게 되는 것이 아닐까. 공연장을 나오면서 남편이 '속이 시원하다' '그 참 좋다' 하고 관람 소감을 묻지 않았는데도 거푸거푸 얘기했다. 아이들도 표정이 들떠 있었다. 입장권에 착오가 있어 특별석에 가서 관람한 아이들이 현관에서 포스터를 사겠다고 기다리고 있었다. 엄마에게 보태주는 듯 따라나서더니 오히려 어른들보다 더 흥분된 모습이다. 행복해 하는 남편과 아이들 표정까지 더해서 나의 감동은 네 배로 불어났다.

육년 째 입는 청바지에 값싼 화장품이며 실생활의 나는 가장 초라하다. 하지만 정신에 사치를 부린다. 한 달에 두어 번 고전음악 정기 연주회에 다녀오면 모든 일상에서 얻는 피곤도 떨치고 사소한 외향적 욕심도 별 것 아닌 게 된다. 가슴속이 화려하면 겉치레에 신경 쓸 마음이 남아 있지 않기 때문이다.

돌아오는 길에 아이들이 VIP석에서 관람하니까 참 좋더란 말과 들어올 때 주차장도 따로 무료이고 비싼 입장료의 위력이 다르다는 말을 했다. 그 말에 덩달아 '엄마 수준은 D석 수준이니까 너희들은 성실히 노력해서 S석 수준으로 올라가거라.'고 말했다. 좋은 공연의 느낌과는 다르게 속물스럽게 이야기하고 있는 내 모습이 하나의 오점이 되는 것을 알면서.

커다란 포스터를 방문 안쪽 면에 붙이는 아이 표정을 보면서 생각했다. 나중에 S석이 될지 D석 인생이 될지 모른다. 하지만 오늘밤 같은 느낌들로 인해 아이들의 마음 한 귀퉁이에 청소년 시절 아름다운 이야깃거리가 장만되었을 것이라는 것. 그리고 세상을 바라보는 마음이 밝고 아름다운 쪽으로 향하는데 도움이 되었을 거라고 믿고 싶다.

누구든 감동 받을 수 있는 재미있으면서 쉽고 아름다운 공연을 한 사람이라도 더 많이 관람했으면 하는 마음이다. 연장 공연한다는 소식이 있었다. 많은 사람들을 동시에 행복에 젖게 하고 가슴 깊이 감동할 수 있는 문화예술의 힘에 대해 다시 생각해 본다.

(1996072620)

세 번째 만난 토지

- 박경리 작 『토지』 전권을 읽고

이십여 년 전 『토지』를 읽었다. 2부 6권까지 나왔을 때였다. 마지막 장을 덮으면서 책을 가슴에 꼭 안고 한참 마음을 안정시켰다. 얼마나 가슴이 두근거리고 행복했든지 다시 고향으로 돌아오는 주인공 일행들의 말발굽 소리가 가슴속에서 울리는 듯 그렇게 흥분했었다.

그리고 96년 두 번째 『토지』를 만났다. 열여섯 권으로 완간되어 나왔을 때였다. 마지막 열여섯 권 째를 덮으면서 할머니 무릎에 누워 조용하고 나직이 들려주시는 긴 이야기를 들은 듯했다. 이제 세 번째 만난 『토지』에서는 고향을 만나고 왔다. 세세한 일상 언어들과 삶의 작은 마디들이 정겹게 가슴에 남는다.

일본이 슬며시 밀려들어오면서 시작되는 이야기는 '일본 항복'이라는 시점으로 끝이 난다. 동학 운동으로 인해 당연시 해왔던 반상의 차별을 일반 민중이 조금씩 저항하기 시작했다. 하지만 일본

침입이라는 더 큰 파도를 만난다. 미력이나마 일본 칼 앞에 저항하기 위해 힘을 모으고 천민 구제 운동이라는 '형평사' 사건이 일어난다.

'형평사'는 백정들의 자제를 교육시키겠다는 투쟁을 위해 조직되었다고 한다. 백정이라는 직업이 천민 직업이라고 배웠지만 일반 상민들까지 한자리에 앉아 교육을 시킬 수 없다고까지 차별을 했다는 것은 처음 알았다. '법률적인 보장이나 제재보다 끈질기고 직접적인 것은 습관'이라는 본문 중의 문구가 생각난다. 민중은 가난과 질병과 권력 앞에서는 무력할 수밖에 없었다. 하지만 쓰러질 듯 되살아나는 억센 들풀처럼 살아내는 생활상이 겨울 북풍 다음에 어김없이 돋아나는 봄 쑥 같다는 생각을 했다.

주인공은 '최서희'라는 당찬 여성이다. 시대에 맞게 자신을 실어 움직일 줄 아는 여자. 김씨의 아들을 자기의 성씨를 붙여서 멸손의 가문을 세워 올리는 여자. 최서희 그녀는 여권 운동의 선봉에 있었다. 신식 교육을 받은 여러 여성들이 퇴폐적이고 무기력하게 표현되는데 반해 외부 교육과는 상관없이 자기 뿌리에서 받은 정기로 일생을 자신의 의지대로 살아 나가는 현명하고 강한 여성이다. 우리 윗세대 어머니들 성격을 '최서희'를 통해서 말하고 있다는 생각이다.

그리고 용이, 홍이, 상희 등 삼대로 이어지는 인맥이 책 전 부분에 걸쳐 있다. 우유부단하지만 인간적인 하동의 용이에서 그의 아들 홍이는 만주에서 자라고 생활 터전을 잡는다. 그리고 상희는 만주에서 태어나 자라다가 청소년 시기부터 진주 생활로 이어진다. 『토지』에 흐르고 있는 배경처럼 하동에서 출발해 만주에서 다시 진주로 연결되는 오십여 년 세월이 그들 가족 삼대에 잘 그려져 있다. '토지문학공원'에 '평사리 마당'과 함께 '홍이 동산'이 있다. 수많은 등장인물 중에서 '홍이'라는 이름이 잡힌 것은 방대한 소설 속에서 기둥 역할을 해 주는 인물이라고 보기 때문일 것이다.

『토지』를 읽으면서 펄벅의 『대지』를 생각했다. 『대지』는 자연과 인간의 관계라면 『토지』는 역사와 인간의 관계라고 생각한다. 자연과 인간은 모든 인간의 공통 주제지만 역사와 인간관계는 역사를 이해하고 제대로 알지 못하면 공감하기 힘들지 않을까. 마지막 권까지 새로운 이름이 등장하는 것과 앞의 이야기들을 세세히 되풀이 설명하는 부분들이 자상함을 느끼게 하지만 지루한 감을 주었다.

전권을 읽으면서 책 뒷부분에 있는 '어휘 풀이'를 한 번도 펼쳐 본 적이 없다. 한 단어도 알지 못하거나 생소한 낱말이 없었다. 어릴 적 쓰던 말이었고 조부님으로부터 들어왔던 말들이었다. 내 고향이 하동과 통영에 인접한 거제도이기 때문이다. 70년대 중반에 처음 『토지』를 읽었을 때 작은 공책 한 권을 마련했다. 대백과 사전에도 수록되어 있지 않는 조부모님들이 쓰던 말들을 메모해 두었던 것이다. 『토지』는 토속어를 수록한 사전 같은 책이다. 커다란 광주리에 구슬을 가득 담아 놓은 것. 메모공책은 별 소용이 없어진 셈이다.

> 한번은 영선과 숙이 개발하러 갔다. 갈비를 긁어다가 땔감으로 쓴다.

'개발'이란 썰물 때 조개나 고동을 채취하는 일이고 '갈비'는 말라서 떨어진 솔잎을 말한다. 어릴 때 바닷가에 개발하러 가는 게 놀이 겸 일이었고 갈비 긁으러 갔던 일이 눈물 나도록 아름다운 추억으로 있다. 그런데 표준어로만 공부하고 사용하는 우리 아이들은 외국어보다 더 낯설다고 중얼댄다. 『토지』는 새로 읽을수록 더 진한 고향 냄새가 난다. 책장을 열면 남쪽 바다내음이 확 퍼진다.

(1996091023)

'호랑이'가 되고 싶지는 않다

– 「산월기」를 읽고

갯내음에 잠이 들고 파도 소리에 잠이 깨던 바닷가 고향이 생각난다. 어릴 때 바닷물이 쭉 빠지는 썰물 때면 갯가에 조개와 고둥을 주으러 간다. 갯가는 바닷물이 밀려나가며 매끈하게 다듬어 자갈이 고르게 덮여있어 조개나 고둥이 있을 만한 곳이 따로 표시가 없다. 아무 자국도 없는 곳을 파다가 우연히 호미 끝에 커다란 조개가 딸려 나왔을 때, 그때 가슴에 일던 환희와 만족감 또 어떤 감정이 있었던가. 말할 수 없이 흥분되고 뿌듯한 기분이었다.

요즘 도서관 열람실에 들어서면 꼭 호미 들고 바닷가에 가던 기분에 젖는다. 필요에 의해 뽑는 책은 쉽게 손에 들지만 작가나 출판사 혹은 제목을 보고 뽑아 드는 책은 꼭 조개가 있을 것 같은 그럴듯한 곳을 파 나가던 그때 모습하고 같은 기분을 맛본다. 그러다 우연히 읽게 된 책에서 신선한 충격을 받게 되면 큰 조개를 발견했던 마음처럼 엄청나게 행복하다.

근간에 한 편의 단편을 읽고는 가슴이 울렁거림에 어쩔 줄을 몰라 하고 있다. 십여 년 동안 서너 군데 시립 도서관을 개인 서고처럼 드나들었는데도 이제사 이 책을 만나게 된 것이다. 일본 교과서에도 실려 있다고 하는 일본 작가의 「산월기」라는 열 쪽쯤 되는 짧은 소설이다.

'이징'이라는 사람은 시인으로 탁월한 재능을 타고났지만 시인으로서 이름을 떨치지도 높은 관직에도 이르지 못했다. 모든 일에 만족하지 못하고 자신을 스스로 다스릴 수도 없는 지경에 이른다. 그런 어느 날 한밤중에 알 수 없는 소리를 지르면서 잠자리에서 뛰쳐나가고는 영영 돌아오지 않았다.

이듬해 함께 수학하던 '원참'이라는 친구가 큰 벼슬에 올라 지방으로 순찰을 가는 도중 숲속에서 호랑이를 만나게 된다. 호랑이는 숲속을 지나는 '원참'의 일행을 보고는 급히 숨는다. 그리고 덤불 뒤에 숨어서 사람의 목소리로 일행을 불러 세운다. 몇 년 전 같이 공부하던 친구 '이징'이라고. 그리고 자신이 호랑이가 된 연유와 심경을 소상히 이야기한다.

"나는 詩로써 명성 얻기를 원하면서도 스스로 스승을 찾아가려고 하지도 친구들과 어울려 절차탁마에 힘쓰려고도 하지 않았다네. 내가 구슬이 아님을 두려워했기 때문에 애써 노력하여 닦으려고도 하지 않았고, 또 내가 구슬임을 어느 정도 믿고 있었기 때문에 평범한 인간들과 어울리지도 못했다네." 하면서 지난날을 후회한다.

호랑이가 하는 이야기 내용 전부가 내 마음 속에 있는 말들이었다. 그렇다면 나도 호랑이가 되어가고 있는 것일까. 거울을 들여다본다. 모습도 짐승의 표정을 닮아 가고 있지나 않는지 갑자기 겁이 난다. 마흔이면 자신의 얼굴에 책임져야 한다는 말까지 떠오른다. 세상이 자기를 알아주지 않는 것에 분개해 으르렁대는 이들과 겁 많은 자존심의 시인들은 이미 호랑이의 길을 가고 있다고 한다. 생각해보면 주변에 이미 호랑이의 길을 가고 있는 친구도 있는 것 같다. 거울에 비친 내 모습도 석연치 않음을 본다.

문학 작품에서 감동을 받는 것은 자신의 생각을 들켰을 때나 평소하고 싶은 말을 대신하고 있음을 발견할 때일 것이다. 내 속에 무슨 생각이 어떻게 들어앉아 있는지 모르지만 어떤 작품을 만남으로써 숨어 있던 자신의 사상이나 이론을 정립시킬 수 있을 때 작가에 대해 고마움과 찬사를 보내게 된다.

「산월기」를 몇 번 거푸 읽고 처음부터 한 번 써보기도 했다. 오 년 전이나 십 년 전에 이 이야기를 만났더라면 지금처럼 진한 감동으로 오지 않았을지도 모른다. 얼마 전부터 수필 공부를 하느니 마느니 쓰는 재주가 있느니 없느니 하면서 마음이 어수선한 상태였다. 일정한 틀 속에 갇혀서 세상 속에 하나의 톱니처럼 돌아가는 게 무슨 의미가 있는 거냐는 생각이 지배적이다. 그런데 「산월기」를 읽고 보니 그런 생각들이 나를 호랑이로 변화시켜 가고 있는 지름길이라는 것을 알게 되었다.

구슬이 아님을 두려워하면서 구슬임을 어느 정도 믿고 싶어 했다는 말은 충격이었다. 주변이 어떤 모습으로 휩쓸려 돌아간다 해도 자신 앞에 주어진 일과 노력할 수 있는 한도까지 성실하게 임하는 것이 얼마나 중요한가를 깨우치게 된다. '인생은 아무것도 이루지 않기에는 길지만 무언가 이루기에는 너무 짧은 것이라고 읊조리면서 사실은 자신의 부족한 재능이 드러날지 모른다는 비겁한 두려움과 고심을 싫어하는 게으름이 나의 모든 것이었다.'라는 호랑이의 목소리가 귓전에 울린다.

마흔 넘은 나이지만 이제라도 이 책을 읽게 되고 또 충격으로 다가옴이 고맙기 그지없다. 적어도 호랑이가 되는 길 쪽으로는 가지 않을 테니까. 이미 내 속에 든 맹수의 성정까지 조금씩 쫓아내는 일을 해야지. 모자라는 재능을 가졌음에도 불구하고 그것을 갈고 닦는데 전념하는 일이 호랑이의 길을 벗어나는 것임을 일러주고 있다. 마음속에 있는 쓸데없는 자존심이나 게으름을 누구도 눈치 채지 못할 거라고 생각했다. 마음이 곧 얼굴인 것을 몰랐다. 아직도 새롭게 시작하고 노력하기에는 늦지 않은 나이라고 자위하고 싶다. 적어도 완전한 사람의 표정을 갖출 수 있는 시간은 남았으리라.

「산월기」로 인해 욕심이 하나 생겼다. 단아하면서도 몇 사람이라도 삶을 되돌아 볼 수 있는 이야기를 쓰고 싶다는 욕심이다. 뒷면이 비치는 마알간 수필 한 편을 쓰고 싶다. 자신을 아름답게 변화시키는 윤활유가 되면서 어느 한 가슴이 미어짐을 막을 수 있는 그런 수필 말이다. 마음속에 흐트러져 있는 욕심들을 지우개로 지워 내고 아름다운 성실을 그려 넣는 연습을 해야겠다.

(1997071543)

청동 동굴

유럽 여러 나라들을 주마간산 격으로 돌아왔다. 여태껏 상상해 왔던 유럽이라는 곳과는 전혀 다른 모습이 눈만 뜨면 새로운 충격으로 기다리고 있었다. 열흘 여행 동안 한순간도 놓치기 아까운 시간들이었다. 유독 카프리 섬의 청동 동굴 속에서 보았던 청동색인지 푸른색인지 야릇한 물빛이 가슴 밑바닥에 배경 조명처럼 들어앉았다.

바닷물에다 동굴의 어둠과 햇빛을 섞으면 무슨 색깔이 날까. 무슨 색이라고 이름을 지어야 할지 같은 색을 지닌 것이 주변에 있는지 둘러보고 생각해 보아도 선뜻 이것과 같다고 설명하기가 어렵다.

내 마음속에는 똑 같은 색을 만난 적이 있다. 초등학교 입학해 8색짜리 크레용을 샀다. 끝이 뾰족한 크레용을 한 개씩 살짝 그어 보았다. '하늘색'이라는 크레용에서 그어져 나오던 색깔에 이상한 충격을 받았을 때 그 색. 그때쯤이었다. 하얀 구름을 길게 무늬

만들며 날아가는 비행기를 보느라 올려다본 시월의 하늘빛. 가슴을 시리게 하던 색깔이 거기 있었다. 청동 동굴 안에서 머물렀던 시간은 불과 이십여 분이었는데 물빛을 보는 순간 하늘색 크레용과 여덟 살짜리 눈에 박히던 가을 하늘이 같이 있었다.

이탈리아 카프리 섬 한 모퉁이에 청동 동굴 일명 '푸른 동굴'이 있었다. 동굴의 물빛을 보려고 주변 바다 위에는 관광객을 실은 수십 척의 배들이 줄을 서서 기다리고 있었다. 많은 배들을 보면서 있는 곳에 더 보태주는구나 싶어 질투가 났다. 조상이 남겨준 유물만으로도 세계인을 대상으로 관광 사업을 하는데 자연의 특별한 선물까지 갖고 있다는 사실에 배가 아팠다.

어쩌면 고향 거제도 해금강 바위틈에나 설악산 천불동 계곡 한 모퉁이에 혹은 금강산 일만이천봉 중에 어느 한 봉우리에 숨겨진 작은 보석 한 개가 있지는 않을까. 꼭꼭 숨어서 태초의 모습을 그대로 간직한 채 야릇한 빛을 안고서 누군가 찾아주기를 기다리고 있을지도 모를 거라는 생각으로 위안을 했다.

무더위가 기승을 부리던 7월 하순에 외화낭비 대열에 줄을 섰다. 연일 뉴스에서는 외화낭비니 사상최대의 해외 여행인파니 하며 여행사 피켓 앞에 줄을 선 대열들에 카메라를 들이댔다. 하지만 몇 년 동안 준비하고 기다려온 여행이었기에 애써 외면하고 대열에 줄을 선 것이다.

오 년 전 남편 친구네 두 가족과 우리 가족은 호주 여행을 다녀

왔다. 친구라기보다 십여 년 동안 직장 동료로 있던 선후배 사이였는데 한 분이 호주에 이주하여 살고 있다. 그때는 경제 위기가 오기 전이었고 막 해외여행이 유행처럼 번지던 시기였다. 여기서 간 12명의 식구와 그곳 진호네 4식구를 합쳐 16명이 시드니 진호네 집에서 숙식하며 열흘 가까이 여행을 하고 왔다. 이전에는 회사 동료이려니 하고 지냈는데 열흘 동안 같이 지내고 보니 관계가 특별해졌다고나 할까.

호주 여행에서 돌아와서 뒤풀이 좌석에서 오 년 후에 '유럽여행'을 계획했던 것이다. 다들 고만고만한 수입에 도시 중산층 생활에서 밀려나지 않으려고 애쓸 정도의 경제적 여건이다. 그런데 여행이라는 것이 마약 같아서 하면 할수록 더 떠나고 싶다는 것을 알았다. 해외여행에서 오는 경이감이나 낯설음에 대한 호기심은 일상의 모든 욕구들을 참아낼 수 있을 만큼 강하게 지배했다.

우리 세 가족은 특별히 뜨거운 사이는 아니다. 성격 탓도 있겠지만 일 년이면 계절별로 만나 저녁식사를 하는 정도의 만남이다. 전화도 가정사가 있을 때만 주고받는다. 그러다보니 만나는 시간이 짧아서인지 속속들이 살아가는 내막도 잘 알지 못한다. 알려고도 숨기려고도 않지만 모르는 것도 없고 따져보면 아는 것도 없는 그런 사이이다. 언제 만나도 '편안하다'는 마음 한가지다. 언제나 만날 수 있고 어떤 모습으로 찾아도 마다하지 않을 친구네가 있기에 마음 든든하고 살아가는 일상들이 걱정되지 않는다.

솔가리 한 움큼씩 집어넣어 오래오래 불을 지펴도 솥뚜껑에 손을 얹으면 뜨거워서 놀라지 않을 만큼 따끈따끈하며 부뚜막까지 뜨뜻한 가마솥 아궁이 같은 사이. 우리의 관계가 가마솥 아궁이 같다면 색깔은 '청동 동굴'의 물빛을 닮고 싶다. 햇빛과 검은 동굴과 바닷물이 합쳐져 만들어 내던 신비로운 색깔처럼 나이 먹어가며 화려하지 않지만 예사롭지 않는 빛을 간직하는 사이로 살아가고 싶다.

이제는 여행 간격을 좁혀야겠다는 의견이다. 나이 들어가니 건강이 문제된다고 속도를 조절하자는 것이다. 다음 여행은 3년 후로 잡잔다. 지난 호주 여행은 진호네 덕에 엉겁결에 다녀왔다. 유럽여행 준비로 나는 신문 배달을 30여 개월 했다. 이제 다음 여행을 준비하기 위해 또 작전을 세워야 한다.

친구는 신문배달해서 유럽 여행을 했다는 내 얘기에 눈을 홉뜬다. 30개월 새벽잠 안 자고 아르바이트해서 단 열흘 동안 써버리는 것이 이해되지 않아서 놀라고 그럴 수 있는 무모한 용기가 부럽다고 놀란다. 하지만 나는 신문배달이 생계수단이 아닌 환경이 고맙다. 그리고 마냥 앉아서 꿈꾸는 것보다 새벽잠을 줄여서라도 가고 싶은 여행을 떠날 수 있는 건강이 주어졌음에 감사하다. 그 중에서도 마음 편하게 같이 떠날 수 있는 여행 조(組)를 가졌다는 것이 고마운 일인 것을 안다.

다음 여행 준비를 위해 새로운 통장 하나를 준비해야겠다. 새

계획을 세운다 해도 건강과 경비를 함께 마련하는 길은 신문배달이나 우유 배달이 적격일 것 같다. 다음 여행에는 부부들끼리만 가게 되겠지. 그때쯤이면 작은 아이들까지 대학생 이상이 되니 우리를 따라 나서지 않을 것이다. 세 부부에다 호주 친구까지 만나 시간을 넉넉하게 준비하여 천천히 진하게 여행하는 모습을 그려보니 벌써부터 흥분된다. 아름다운 여행을 위해서 모든 일상의 작은 욕심들은 줄여 볼 생각이다. (2000081180)

몽골 이야기

- 6월 3일

친구야 게르에서 첫 밤이다. 12인승 버스로 울란바토르에서 출발해 12시간 만에 도착했다. 울란바토르에서 20분 정도 벗어나면서부터 골프장 같은 초원이 12시간 내내 펼쳐졌다. 가로수나 이정표도 없이 끝없이 이어지는 직선 도로에는 앞서가거나 뒤따라오는 차가 없다. 반대 차선에서 바람을 일으키며 스쳐지나가는 차도 물론 없다.

오종종한 거리에 어깨를 부대끼며 살던 마음이 허한 곳에 오니 갑자기 외로워지는 기분이다. 외로움 다음 신비함으로 어리둥절하다. 말과 양과 야키라는 처음 보는 동물이 울타리 없이 무리 지어 살고 있는 모습이 달력에 있던 그림처럼 펼쳐있다. 드디어 태아부터 초원에서 살았던 것처럼 평화로운 마음과 익숙함으로 편안해지겠지.

우주에서 똑 떨어져 태곳적 고향인 다른 별에 온 느낌이다. 이

낯선 별을 '푸른 접시'라고 이름 지었다. '푸른 접시'의 밤은 달무리까지 합세해 잠들지 못하도록 황홀한 춤을 춘다.

- 6월 4일

친구야 말을 탔다. 고소공포증 비슷한 게 있어서 그네도 못타는데 말을 타고 두 시간 정도 초원을 거닐었다. 상상되지? 얼마나 자태가 우아했을지. 오늘 밤에도 달무리가 졌다. 달 주위에서는 별이 다소곳하게 고개 숙이고 달빛의 시야가 조금 빗겨난 저만치 별빛이 쏟아지고 있다. 청량한 공기는 초원을 다듬느라 분주하게 이슬을 뿌리고.

어느 쪽을 보아도 각진 곳, 우뚝 솟은 곳이 없는 것이 이곳의 특징이다. 그래서 하늘도 엄청나게 둥글고 크다. 이슬만이 움직이는 초원의 밤에 혼자 적막 속에 서보니 나의 모난 곳이 어딘지 무엇인지 왜 그런지 생각하게 된다.

저 넓은 초원과 수많은 말들도 그저 묵묵한데 다섯 치 작은 몸뚱어리가 무엇을 위해 그리 뾰족하게 굴었는지. 내가 깎아 내야 할 것은 언어라는 것도. 사실 진작 알고 있었지만 자신에게 모른 체했던 것을 더는 숨길 수 없음 알아냈다. 어느 곳에서도 모난 모습을 뵈줄 곳은 없다는 생각을 갖게 되는구나. '덜 익은 벼처럼' '풋 익은 열매'처럼 꼿꼿하고 시큼하게 굴었다는 것이 부끄럽다.

어쩌면 사십대에 할 수 있었던 마지막 오만이었을 수도 있었다.

그리고 어떠한 장소에서는 내 자리가 제일 크다고 거만을 부렸던 것을 들키고 나니 새삼 부끄럽고 또 부끄럽다. 열매는 다 자라지 못했고 단맛은 여물지 못했는데 더 이상 익을 때까지 기다려 주는 곳도 단맛을 담을 가슴의 여유도 남아 있지 않다는 것이 서글프다. 마흔 대 그 끝이 설익은 열매들로 주렁주렁 달려 있는 것이 내 자화상인 걸.

- 6월 5일

친구야 게르에 누워 빗소리를 듣는다. 지붕 한 가운데가 둥그렇게 뚫렸고 그곳으로 하늘이 드러나 비가 발가벗은 채로 내려오는 게 보인다. 이마 위로 빗소리가 사락사락 내려앉는다. 난로에서 타닥타닥 장작 타는 소리와 빗소리와 비 내리는 뚫린 지붕 아래 반듯이 누운 여인 하나. 그동안 살아왔던 천지간과는 소통되지 않는 단절감 속에 있으니 미치고 싶다.

미친다는 생각을 하면 친구가 생각난다. 지금 저 난로가 나무 의자에 자네가 앉아 있다면 미칠 수 있는데. 나 혼자 미치면 정말 미친년이 되어 여기 있는 모든 적막들이 놀랄 것 같아서 이렇게 참으며 돌을 갈고 있어야 하는데. 하지만 자네와 둘이서 미치면 우리 둘 다 정상인이 되겠지.

미쳐서 비 내리는 저 끝없는 초원 위로 맨발로 뛰고 싶다. 말똥에 미끄러지고 소똥에 엉덩방아를 찧어도 우리는 지상에 내려온 어린 왕자의 누이, 어린 누이가 되는 건데. 여기 이 풍광을 소롯이 같이 느끼고 싶다.

끝없고 끝이 없고 또 끝없는 이 초원에다 그대 꿈도 함께 한 잎 작은 풀로 심어두고 갈게. 이 시간과 공간을 자네랑 공유하지 못하고 있다는 사실이 미치도록 안타깝다. 지금 풍광 속에서 자네가 생각난다는 게 행복하다.

- 6월 6일

친구야 몽골 초원에서 보내는 마지막 밤이다. 밤 열 시에 해가 지고 열한 시에 캠프파이어를 하고 새벽 2시다. 별이 머리가 무겁게 쏟아진다는 몽골 하늘이라더니 아니다. 달이, 달빛이 청명해서 머리카락이 시린 밤이다. 머리카락 한 올 한 올마다 달빛이 스치면서 찰랑거리는 맑은 쇠 음을 낸다.

언제쯤이던가, 어린 시절 내가 막 열 살이었을 때 처음으로 달빛이 연둣빛이라고 느껴지던 그 밤처럼. 거의 40년 만에 그 달빛을 만났다. 달빛에 만들어진 내 그림자가 길고 늘씬하게 다른 나를 만들어주기에 그 속에 내 여린 심장 한 조각을 심는다. 심장 뛰는 소리가 달빛과 장단을 맞추며 잃어버렸던 유년의 노래를 다시 기억케 한다.

여행은 잃어버린 그렇지만 어느 틈엔가 지워지지 못하는 한 가닥을 새롭게 꺼내 싹 틔우고 키울 수 있도록 해주는 청량제인 것 같다. 고맙다. 오늘 이 시간 이곳에 내가 있다는 사실에 감사한다.

낮에는 산에 갔다 왔다. 언덕같이 완만한데 올라보니 언덕 너머 초원이 보이는 것이 산은 산이었다. 누군가 염원을 빌며 얹은 돌이 탑이 되어 서낭당처럼 있었다. 세 개의 돌멩이로 세 바퀴를 돌면서 세 가지 소원을 빌었다.

첫째는 내 피붙이들이 건강하기를. 둘째는 내가 아는 이들이 자신이 원하는 시간에 원하는 곳에 몸 놓을 수 있기를, 셋째는 내가 하고 싶은 일, 내가 아는 이들이 하고 싶은 일을 자신의 나태에 의해 포기하는 일이 없기를 소원했다. 욕심이 많았나. 그래도 내가 아는 이들로 한정한 것은 세상을 다 구제하기는 힘들 것 같아서.

잔디 같은 풀 한 잎에 손톱크기의 꽃송이 하나, 똥 덩어리 하나. 똥 덩어리 곁에서 작은 꽃들이 꽃잎, 꽃받침 잎사귀 다 갖추고 다음 생명을 내리기 위해 최선을 다하는 모습 보이제. '베르사이유 궁전'을 떠올렸다. 똥 덩어리 때문에 하이힐을 만들어 신고 똥 덩어리 사이를 거닐었다는 왕비를 생각하며 뒤꿈치 들고 사뿐히 걸었다.

밟을까봐 발을 머리에 이고 다니고 싶도록 작고 앙증맞은 꽃들에게 자네를 소개해 주려고 앉았다. '너를 그리워하는 한 친구가 있다'고 말했다. 잘했지.

- 6월 7일

친구야 용희야 몽골 여행의 마지막 밤을 보내며 왜 여기 왔는가, 무엇을 가지고 가는가를 생각한다. 여기 온 이유는 50년 삶의 사진을 보기 위해서라는 생각이 든다. 육아일기부터 시작해 어제까지 찍혀 온 흑백 사진을 보듯 가슴속에 든 사진을 찬찬히 꺼내볼 수 있는 시간이 되어 주었다. 지난 일들은 아픔도 아름다움으로 기억시키는 것이 버릇이라며. 그래서인지 아름다운 기억들만 손끝에 닿는다. 다만 부끄러운 장면이 너무 많다는 것이 흠이긴 하지만.

무엇을 가지고 가는가를 생각하며 연필을 돌리다가 '자살할 필요가 없다'는 말을 중얼거려본다. 죽을 만큼 괴로우면 잠시 여기 몽골 차강솜으로 떠나 있으면 된다. 이곳은 살아서 천국을 경험할 수 있는 곳이다. 지나가는 차도 전화 연락할 수도 없다. 간절히 원하지 않는 한 외부와는 철저히 단절된 곳이다. 초원과 말똥과 초원 가운데서 뜨거운 온천물이 솟아나는 곳이다.

보고 싶은 이도 보기 싫은 이도 가려서 볼 수 있는 곳. 살아서 천당과 지옥을 다 겪을 수 있는 곳이라고 말할까. 죽은 상태처럼 현실에 비켜 서 있다가 다시 살아나면 되니까. 근데 살아서 죽음을 경험하려면 경비가 있어야지. 그러니 항상 비상금을 마련해야 한다는 것이다. 절대 필요사항이라는 것.

구름이 지나가야 그늘이 지는 이곳은 다 제 마음대로 가는 것 같다. 물도 제 마음대로 흘러 부드러운 곡선을 그리며 강을 만들고 있다. 양, 말, 사람 다들 제 마음대로 발길 닿는 대로 갈 수 있는 곳 같다. 정해진 곳도 없고 막힌 곳도 없고. 그래서 '출입금지'라는 팻말을 본 기억이 없는 이곳의 밤은 가로등도 없다.

그렇다. 흐름대로 놔두라는 것. 존재하는 모든 것은 각자가 가고 싶은 길이 다르다는 것을 짐 보따리 깊숙이 챙겨 넣어야겠다. 적막 속에 이슬 내리는 소리가 심장소리 만큼 들린다. 다시 이승에서 만나자. 안녕.

(20060628122)

참! 쩨쩨하다

복아!

생각나? 열 한 살쯤 됐을라나. 그때도 유월쯤이었던 것 같은데. 성 아래 바닷가에서 고둥을 줍고 있던 그림.

고향 갯가는 썰물이 지면 너른 자갈밭으로 변했지. 해가 뉘엿뉘엿할 때쯤 작은 동산처럼 도드라진 곳에서 고둥을 주우며 이야기에 열중하고 있었는데. 밀물 때가 되어 정말 밀물처럼 물이 들어오는 것도 모르고 이야기에 빠져 있었어. 우리가 앉아있는 자리에 물이 들지 않으니까.

언뜻 고개를 들고 보니 우리 둘이 앉아있는 동산 꼭대기만 남기고 저만치까지 물이 차올랐던 거. 그 순간 위기감은 우리를 우는 여유마저 주지 않았지. 허리까지 찬 물속을 건너 안전지대로 올라서서 돌아보니 이미 동산마저 물속에 잠겨버린 모습을 보고 울어버린 그때 그림이 미국여행 기간 내내 아주 선명하게 따라다녔단다.

그것은 우리가 자갈동산에 앉아 취해 있었던 '미국'에 대한 이야기 때문이었어. 열 살 남짓 먹은 계집아이들에게 '미국'이라는 또 다른 '별'에 대한 동경은 무엇이었을까? 얼마나 클까? 코가 큰 사람들만 걸어 다니는 거리는 어떤 모습일까? 노랑머리는 감으면 노랑물이 묻어날까? 그중에서도 우리가 가장 궁금하고 겁내던 이야기는 '제3차 전쟁'이었던 거 기억나?

미국이 제3차 전쟁을 일으키면 세상이 없어져 버리고 교회 다니는 사람들만 살아남아 천국으로 가게 된다는 말도. 한 번도 교회 가보지 못한 나에게 그 말은 공포였어. 일요일마다 교회 가는 네가 울고 싶을 만큼 부러웠던 기억도. 인천공항에서 비행기가 이륙하는 순간부터 거제도 갯가에서 가졌던 상상들이 어떤 모습으로 내 앞에 펼쳐질까 가슴이 두근거렸단다.

복아!

미국에 드디어 도착했어. 근데 낯설지가 않아. 오래전부터 알고 있었던, 언젠가 한 번쯤 왔다 간 곳 같은 친근감이 든단다. 하늘, 빌딩, 거리 그리고 계속 듣는 지명들도. 사등 옆에 금포, 금포 지나 성포처럼. 어쩌면 금포 성포보다 더 익숙한 지명들이다. 뉴욕, 워싱턴 DC, 뉴저지, 펜실베이니아, 버지니아 등등. 고속도로 옆에 난 옥수수도, 나무도 풀들도 다 보아왔던 것들이다. 'starbucks' 커피 집 간판도 우리 동네 것과 똑같은 걸.

아주 심심산골 우거진 원시림 속에 '나이아가라' 폭포가 있을 거라고. 그런데 폭포 전망대에서 내려다보니 온통 도시로 둘러싸여 있어. 한강 어느 지점이 갑자기 푹 주저앉으면 지구에서 가장 큰 폭포가 될 것 같다는 엉뚱한 생각을 하였단다.

세계 초일류라는 대학 앞에 선물용 모자와 티셔츠를 파는 가게가 있더라. 일행 중 한 사람이 그중 세련되어 보이는 색상과 디자인의 티셔츠를 들고 계산대에 갔다가 피식 웃으며 도로 나오더구나. '메이드인 코리아'래. 웬만한 물건들은 거의 '메이드 인 차이나'이거나 멕시코더라니까. 우리들에게 미국이 꿈의 별이었을 때 월남전에 참전했던 작은아버지가 가져오신 단추모양의 초콜릿과 라디오와 손바닥만한 탁상시계가 미제라고. 할아버지께서 물난리를 피해 가면서 유일하게 들고 가셨던 보물의 고향 미국이었는데. 미국은 우리가 열한 살에 상상했던 아주 특별한 별이 아니야, 새로운 것도 별로 없어.

있잖아! 미국의 자연은 싱싱하고 젊은데 사람은 다들 비만에 걸려 있다. 거의 집체만한 몸을 하고 있다니까. 내 눈에는 모두 비만환자로 보이는데 아마 눈이 옆으로 쭉 찢어져서 더 옆으로 커 보이는 건가. 우리나라에서 다이어트 열풍이 부는 이유를 이곳에 와서 알게 되었단다. 병적으로 비만한 사람들이 많은 미국이 국가적 차원에서 걱정하는 건강문제를 우리도 덩달아 춤을 추고 있다는 생각이 들었어. 미국은 통째로 비만환자 같아 보여.

서울은 미국을 미니어처로 만들어 놓았다는 느낌이 들구나. 미국

전역에 펼쳐져 있는 의, 식, 주의 모든 것들을 농축시키면 서울이 되는 것 아닌가 하는. 뭐든 농축액이 더 효율적이잖아. 부피나 무게는 작지만 진한 성분을 함유하고 있으니까. 한마디로 실망이다.

복아!

갯가출신이라서인지 어디를 가도 물가에서 좀 특별한 생각을 하게 된다. 나이아가라 폭포에서 눈에 띄는 남자를 만났다. 폭포 바로 아래까지 배를 타고 관광하는 코스였다. 배 2층 한가운데 유리칸막이로 된 근무자 공간이 있었다. 물소리, 사람들의 괴성 등이 섞여 지구상에선 둘째가라면 서러울 정도의 굉음 속에서 책을 읽고 있는 젊은 남자를 보았다. 폭포소리에 난청이 되었는지도 모르지. 아니면 똑 같은 새소리도 닷새만 듣고 나면 들리지 않는다는 말처럼 아예 소리를 외면할 수 있는지도 모르겠다. 내 눈엔 속세에서 가장 큰소리를 듣지 않을 수 있는 귀를 가진 그 남자는 일상 속의 도인이었다.

그리고 하마터면 나이아가라 물줄기 속에 한 줌 거품이 될 뻔했다니까. 헬리콥터를 타고 위에서, 배를 타고 아래에서 보는 폭포보다 물안개를 펑펑 품어내는 옆에서 보는 폭포는 친근했다. 폭포는 안개비로 손이 닿을 만큼 가까이로 부르더니 웃음소리로 울음소리로 날 유혹하고 있었다. 내가 어정쩡하게 망설이는 기색을 보이자 청잣빛 물줄기의 팔로 확 끌어당기는 순간 정신이 번쩍 들었다. 아직은 회색 속세에서 그리운 거 그립다고 말조차 못한 그 무게가 나이아가라의 팔을 뿌리쳐 낸 것 같다.

복아!

'솔져베리'라는 미국 농촌에서 며칠을 보냈다. 이민 온 한국인이 미국 농부로 사는 모습을 보았다. 평소 생각만 해보던 자동시스템들이 갖추어진 미국 농촌이다. 영화에서 본 듯한 멋진 전원 주택지 같다.

그런데 내 속에서는 '참 쩨쩨하다'는 말이 끊임없이 터져 나왔다. 여행 나서기 전 국내에서는 한미FTA 협상이 타결되느니 마느니 뉴스를 장식했다. 미국의 실제 모습에서 '과연 이 나라가 그렇게 빡빡하게 굴어야 했을까'를 끊임없이 생각하게 했다. 그래서 우리가 쓰는 일상어로 '쩨쩨하다'는 결론을 내리고 있었는지 모른다.

쇼핑센터의 수많은 물건들과 먹을 것들 그리고 큰 사이즈의 옷들에서 비대한 미국의 실체를 보았다. 그런데 큰 것에 대해 그다지 위압감이나 두려움, 놀람이 없는 것은 이미 내 속에 '쩨쩨함'을 인식해 넣었기 때문일 거다.

뉴욕공항에서 범죄인 취급을 받으면서부터 불쾌했지만 그들의 표정에서 두려움을 보았다고 할까. 물론 가진 것을 놓칠까봐 하는 기우의 두려움이겠지만 그때 '참 쩨쩨하다'는 생각을 하게 되었던 것 같다.

끝없이 펼쳐지는 들판을 가로 지르는 고속도로에서, 하늘에 닿을 듯한 록펠러 재단 건물 전망대 위에서 자꾸 몽골의 초원이 떠오르더라니까. 말달리기 대회가 열리던 날 열 살도 채 안된 소년이 말채찍을 휘두르며 달려오던 모습이 나란히 비교 되더라. 말을 타고 초원을 달리던 몽골 소년이 미래의 지구를 관리하게 될 것 같다는 생각을 했다. 비대한 미국의 미래는 성인병과 순환기 장애를 겪는 것처럼 느껴졌단다.

복아!

사실은 심술이 가득 담긴 눈으로 본 것들이라 전부 부정적으로 말하고 있다는 거 알겠지. 좋은 기후와 넓은 땅과, 여유 있는 사람들의 표정이 부럽고 샘이 나서 찔러본다고 할까. 미국을 '인종의 용광로'라고 표현한다는 말에 공감이 가더라. 다양한 피부색 사람들이 '하지 말라는 것만 하지 않으면 된다'는 자유를 충분히 누리는 여유로움이 부러웠다. 걸핏하면 억지를 부리는 모습과 그렇게 억지라도 부려야 돌아보는 체하는 제도에 염증을 내고 있잖아 우리는.

미국 건너간 지 오 년쯤 되었다는 한국인 미국 농부는 생활, 제도 어느 것 하나도 불만이 없다고 하더라. 우리가 열 살에 상상했던 꿈의 별은 역시 멋진 별이었다. 거리의 대부분 사람들이 품속에 총을 지니고 산다 하더라도 오늘 그곳은 낙원 같은 별이었어.

눈으로 보는 건 특별난 것이 없어 보이는데 조용한 기운 속에서 '저력'이라는 거대한 힘을 느끼게 되더라니까. 내 눈 높이에서 볼 수 있는 정도이긴 하지만.

복아!

지금 우리는 무슨 별을 상상할까?

오늘 상상해 보는 별이 있어야 미래에 찾아 나설 꿈을 꿀 수 있을 텐데. 우리가 애절하도록 좋아하는 달빛을 만져보게 달나라 이야기 할까? 아니면 열한 살 나라로 되돌아가는 꿈을 꿀까? 그 갯가로 가는.

(20070824140)

닮았다, 닮았다, 꼭 닮았다

- 영화 「혐오스러운 마츠코의 일생」

53살 먹은 여자가 공원에서 변사체로 발견되었다. 지난밤 늦게까지 공원에서 놀고 있는 아이들에게 주의를 주었다. 아이들은 야구방망이로 그녀의 뒤통수를 쳐서 죽음에 이르게 하고는 사라진다. 「혐오스러운 마츠코의 일생」은 그렇게 끝이 났다.

53살이라는 동갑내기 여자가 일생을 끝내는 이야기에서 동질감이랄까 바로 곁에 있는 친구였나 했다. 결국 나 자신을 그녀 속에 담그고 있었다는 것을 발견한다.

마츠코는 고향에 있던 치코쿠 강을 닮은 강가 아파트에 산다. 그녀의 유일한 낙은 강가에 나와 앉아서 하염없이 시간을 보내는 일이었다. 거제도 고향 바다를 보듯 한강을 보며 20여 년 떠날 줄 모르고 눌러 앉아 사는 내 모습이 꼭 닮았다.

23살, 마츠코의 새로운 삶이 전개된다. 마츠코는 아름답고 고운 목소리의 중학교 음악선생이었다. 수학여행지에서 담임을 맡은 반에서 현금 분실사건이 일어난다. 이 사건으로 인해 예상치 못한 방향으로 인생이 바뀌게 된다. 완전히 다른 세상 속으로 떨어진다. 사랑과 폭행과 밑바닥 생활을 거쳐 26살에 살인을 한다.

8년간 수감생활을 끝내고 미용사로 세상에 나왔다. 다시 안정된 생활이 전개될쯤 야쿠자가 된 '류'를 만나게 된다. '류'는 마츠코를 중학교 교사에서 쫓겨나게 한 학생이었다. 제자와 학생 사이는 연인관계로 이어진다. 류와의 지독한 사랑에 빠질 즈음 '류'는 다시 감옥으로 간다.

마츠코는 출소하는 '류'를 기다렸지만 '류'는 그녀를 밀쳐낸다. 자신의 사랑이 마츠코를 태우고 결국은 재만 남길 것을 예감했기 때문이다. 너무 뜨거운 사랑은 따뜻함이나 포근함보다 타버린다는 것을 두 번씩이나 경험했으니까. 하지만 '혼자'에의 공포가 있는 마츠코는 혼자서 얼어 죽느니 차라리 둘이 타버리는 삶을 희망한다. 하지만 마츠코는 혼자 남게 된다.

마츠코가 가장 두려워하는 것은 '혼자'가 되는 것이다. 그것은 부모님이 늘 병석에 있는 '쿠미'라는 여동생에게 관심과 사랑을 쏟느라 마츠코는 뒷전이었다. 부모의 관심을 얻어내려고 자신을 곧추 세우고 다듬어간다. 외관은 그럴듯하게 형성해 가지만 성격은 무의식적으로 만들어지는 것이다. 누군가에게 버림받는 것을 두려워하고 혼자되는 것을 가장 두려워하는 성격이 된 것이다. 내 유년의 그림처럼. 혼자서 잘 놀면서도 혼자되는 것을 가장 두려워하는 모습이 꼭 닮았다.

그런 성격이었기에 23살에 가출을 한 이후 끊임없이 남자에게서 학대를 받으면서도 사랑하고 버림받고 또 사랑하는 일을 되풀이 할 수밖에 없었던 것이다. 결국 중학생이었던 '류'가 '좋아서, 너무 좋아서 돈을 훔치고 선생님을 곤경에 빠트렸다.'고 고백하는 청년이 된 그를 만나고는 마츠코는 독백한다.

'류를 밖에 두고 여기 있어도 지옥이고 밖에 같이 있어도 지옥'이라고. 지옥인 줄 알면서 지옥을 끌어들인다. 그리고 격렬한 사랑을 한다. 결국 '류'로부터도 버림받게 되고.

처음 사랑이 끝나면서 마츠코는 다시 고향으로 돌아가는 셈이다. 고향과 흡사한 강이 흐르는 곳을 찾아 짐을 푼다. 그리고 사랑받지 못했던 고향을 사랑하면서 삶을 죽여 간다. '혐오스러운 마츠코의 삶'이라고 했지만 전혀 혐오스럽지 않았다. '태어나서 죄송해요'라는 낙서를 수없이 하는 장면에서 그녀가 부모의 관심을 갈망했는가를 읽을 수 있었다. 성장기의 환경이 성격형성에 얼마나 크게 작용하는가를 가늠하게 한다.

사춘기 소년의 짝사랑으로 한 여자의 일생이 엉망진창이 되는 계기가 되었다. 하지만 짝사랑은 현실 사랑이 되고 마지막 신의 사랑으로 승화시켜 가는 얼굴에 칼자국 깊게 난 '류'의 사랑도 인상 깊었다. 사랑이라는 것은 아주 작은 불씨로 시작해 하늘에 닿는 불꽃으로 성장할 수 있음을 보여준다. 인생은 다른 사람에게

뭘 줬는가?로 결정한다는 것과 사랑은 맑은 영혼을 희생물로 쓴다는 것을 설명해 준다.

영화의 마지막 장면이 꺼지는 순간 '닮았다, 닮았다, 꼭 닮았다.'란 말이 가슴 가득 채워졌다. 유년기의 버려짐에 대한 두려움에서 일생 동안 벗어나지 못하는 성격과 고향이 곧 물인 그녀와 나는 닮았다. 그래서 그녀의 삶이 혐오스럽지 않게 보이는 건가.

(20080403144)

홍도는 웃고 있었다

목포에서 쾌속선을 타고 30여 분 되었을까. 갑자기 배가 파도타기를 한다. 너울너울 춤을 추듯이 몇 미터를 올랐다가 다시 내리 꽂히기를 반복한다. 그러다 말겠거니 했는데 아니다. 갈수록 요동은 심해지고 놀이기구를 탄 것처럼 재미있다고 소리 지르던 아이들도 쥐죽은 듯 조용해졌다. 코를 잡고 눈을 감았다. 눈을 감으니 40여 년 전 내 고향 거제도가 보였다. 맞다. 그랬다. 섬으로 가는 길.

거제도에서 부산까지 4시간 걸리던 '금성호' '복운호'가 보였다. '거제도를 밀어서 육지에다 붙이는 방법이 없을까' '왜? 하필이면 섬에서 태어났을까?' 뱃멀미가 심하게 날 때마다 원망의 생각을 했었다. 그런데 '다행이다. 이미 육지로 자란 내 고향 거제도가 다행이다.'라는 생각을 외치듯 입 속으로 중얼거렸다. 그리고 까무룩 잠이 들었다. 파도에 몸을 맡기는 법은 이미 내 몸속에 내장되어 있었던 것이다.

홍도에는 84살 잡수신 '홍도'가 웃고 있었다. 육지에서 들어오는 배들을 한눈에 볼 수 있는 제일 높은 곳에 우체국이 있다. 우체국 앞에 쉼터가 있고 섬에서 최고령이신 최 할머니는 늘 거기 앉아서 홍도를 지킨다고. 열일곱에 섬으로 시집와서 아들 셋, 딸 셋을 물질로 길렀단다. 베옷에 맨손으로 물질하던 일이며 70여 년 동안 홍도에서 살아온 전설 같은 이야기들을 누에꼬치에서 실 풀려나오듯 풀어낸다.

지팡이 톡톡 치고 가리키며 서해의 기상 일기를 척척 예보한다. 그리고 객선이 들어올 때마다 몇 명이나 섬에 올랐는지 방이 몇 개나 차는지 계산이 빤하단다. 유람선을 몇 대나 띄워야 하며, 회는 얼마나 팔릴지까지다. 수입이 얼마나 되는지는 비밀이란다. 흰 머리카락이 셀 수 있을 정도로 새까만 머릿결의 할머니는 "아들 셋, 딸 셋 다 입히고 맥이고 했지. 요새사 말도 못하게 숩게 돈을 벌지. 많이 벌어, 묵고 살만 혀." 하면서 가지런한 이빨을 허옇게 드러내고 웃는다. 할머니 웃음 따라 홍도도 같이 웃고 있다.

홍도 전체가 국립공원이라 그런지 돌멩이 하나 바람 한 결도 예사로운 것은 없다. 수억 겁의 파도에 다듬어진 몽돌이며 금세 환하게 모습을 보이다가도 어느 결에 해무에 몸을 가려버리는 섬. 홍도의 밤은 불빛 4개, 네온사인 1개 그리고 쏟아지는 별빛과 어둠뿐이다. 참 오랜만에 내 고향에서 보았던 별빛을 찾았다. 거제도가 섬이었던 시절의 별빛이 홍도에 이사 와 있다.

홍도에서 쾌속선으로 30여 분 거리에 있는 흑산도에 올랐다.

흑산도에 올라보니 저만치 홍도가 작은 섬으로 있다. 흑산도는 그 이름에서 친근감이 든다. '흑산도 아가씨'라는 대중가요를 처음 들었을 때가 초등학생쯤이었나. '물결은 천 번 만 번 밀려오는데 아득한 육지를 바라보다 검게 타버린 흑산도 아가씨'라는 가사를 외고 있으니까.

흑산도의 바닷물은 온통 청옥색이다. 라틴 아메리카를 여행한 분이 쓴 책 속에서 바다색이 청옥 빛이라고, 가오리 즉 홍어가 많이 난다고 했던 구절이 생각났다. 흑산도의 명물이 홍어라 했던가. 그럼 홍어가 사는 바다는 청옥빛을 띠는가, 홍어가 살기 때문에 청옥빛인가.

이탈리아의 '푸른 동굴'을 연상케 하는 청옥물빛의 동굴도 인상적이었다. 그런데 이탈리아의 푸른 동굴 앞에는 세계 각지에서 몰려온 관광객들을 태운 배들이 줄을 서서 기다리던 풍경이 떠올랐다. 흑산도 바다는 그곳보다 더 아름답고 멋진데 외국 관광객을 데려오지 못하는 이유는 무엇일까.

섬에서는 씻지 않는다. 2박 3일을 살아도 샤워를 하거나 머리를 감지 않는다. 겨우 양치질과 고양이 세수를 한다. 비누거품을 내품기가 미안하다. 섬에도 샘은 있고 지하수도 생산된다. 그런데도 맹물이 귀할 것 같아 필요한 만큼 쓸 수가 없다. 그리고 갯가에 살고 있는 수많은 생물들이 거품을 싫어한다는 것을 아주 잘 알기 때문이다. 매실주를 담아 간 플라스틱 빈병도 가방에 도로 넣는다. 섬에서 버려지면 바다로 갈 것 같아서. 섬 밖은 바로 바다이니까.

섬에서 돌아 나올 때는 항상 가슴이 저리다. 고향을 남겨두고 도망 나오는 것 같아서 섬이 눈에서 사라질 때까지 먹먹하게 바라본다. 해무 속으로 사라진 섬이 입가에 온통 지저분하게 밥풀을 붙이고 자꾸 따라온다. 밀물이 들어왔다간 자리마다 스티로폼 쓰레기들이 밥풀처럼 널브러져 있는 섬이다. 한 달쯤 머물면서 어릴 때 엄마가 씻겨주던 세수처럼 뽀드득 소리 나게 세수를 시켜줄 수 있다면.

세수는커녕 2박 3일 먹은 오물만 남겨두고 나왔다. 그래도 섬은 천만 번 밀려오는 파도를 몸으로 부대끼며 견뎌내고 있을 것이다. 몽돌 숫자만큼 드나드는 관광객들 앞에 말끔히 세수하고 도도한 모습으로 여름을 맞이하길 바라본다. 소금 바람에 절여져 80여 년 세월에도 상하지 않은 홍도 할머니의 새카만 머리칼처럼 그렇게.

(20080609148)

시집(詩集) 예찬

지하철에서 대부분의 승객이 앉아서 갈 만큼 한산할 때 난감한 일이 더러 있다. '아싸' 하는 마음에 빈자리만 보고 급하게 앉기는 했는데 그 다음 시선이 문제다. 맞은편 의자에 앉은 일곱 사람들과 눈이 마주친다. 허겁지겁 자리만 찾아 앉는 모양새를 고스란히 지켜본 눈들이다. 열네 개의 서치라이트를 켜고 검열하듯 다음 행동을 주시한다.

반면에 눈이 마주치지 않을 만큼 서 있는 승객이 있더라도 남자라면 곤란하다. 고개를 똑바로 들면 그의 허리 아래 부분이 딱 눈 위치에 와 있다. 그래서 눈을 감으려고 주변을 둘러보면 그것도 여의치 않다. 옆에 앉은 여인도 건너편에 앉은 여인도 졸고 있다. 그 모양새가 가지각색이다. 남자 어깨에 고개를 쓰러뜨린 모습 다리는 마음대로 벌린 채 핸드백은 누가 집어가도 그만이라는 가장 편한 자세로 깊은 잠에 취해 있는 모습 등.

오륙십 대 여인이 두세 명 나란히 앉아 졸고 있는 모습은 아름답지 못하다. 그걸 아는 이상 졸아서도 안 된다. 그럴 때 처방전은 책이다. 무릎 위에 펴들고 읽어도 눈을 감고 졸아도 그만이다. 똑같은 모습으로 졸고 있어도 책을 펴들고 있으면 조금 안쓰러워 보인다는 생각이다. 그래서 외출 가방에는 늘 책이 들어있다. 책 중에서도 '시집'이다. 50대 여인에게 어울리는 책이랄까. 종교에 관한 책을 들고 있으면 고지식해 보이고 소설책이나 두꺼운 일반 상식책을 들고 있으면 어쩐지 피곤해 보인다.

'시집'은 휴대하기에 여러 장점이 있다. 부피가 작다. 그래서 가방의 크기를 나무라지 않는다. 짧은 문장이라 읽기가 쉽다. 한 행씩, 연씩 나누어 읽어도 괜찮다. 눈에 반짝 뜨이는 행을 발견하면 그 행만 입속으로 외면서 목적지까지 갈 수도 있다. 내 경우엔 지하철 속에서 읽으면 집중이 잘 된다. 졸지 않기 위해 신경을 곤두세우기 때문일까. 혹 한두 줄 읽다가 졸더라도 그 본새가 조금 낫지 않을까. 친구들 만나 수다 떨다 지쳐 널브러지듯 졸고 있는 모습과는 달라 보일 거라는 위안이 있기도 하다.

'시집'은 대체로 도서관 '시집'대에서 구한다. 출판사별로 뽑기도 하고 작가명의 가나다순으로 읽기도 한다. 요즘은 문학상 별로 읽는 중이다. 문학상 별로 읽어보니 몇 분 작가들의 작품이 몇 편씩 수록되어 있어 나름대로 좋다. 그러다 우연히 가슴에 확 와 닿는 시를 만나는 횡재도 하게 된다. 그때부터 가슴이 벌렁거린다. 그 시인이 쏟아놓은 마음자리들이 궁금해서 모든 출판물을 다 찾는다.

그리고 서점에 들러 여러 권을 구입한다. 때로는 출간된 지 오래되어 구입하기 어려울 때도 있다.

작가의 '시집'을 다 찾아 읽고 나면 그때부터 내 속에 커다란 기다림 하나가 집을 짓게 된다. 도서관에 갈 때마다 신간을 찾는다. 몇 년째 신간이 나오지 않고 있으면 화를 낸다. 남자 시인이면 그의 아내를 미워한다. 시를 쓰지 못하게 일상 속에다 남편으로 가두고 있을 거라고 생각한다. 시인을 남편으로 두었다면 일상은 아내가 책임져야지. 번데기는 실 뽑는 일만하고 천은 베틀에 앉은 사람이 짜는 거지. 감히 시인남편을 베 짜고 옷 짓는 일까지 하게 하다니.

여자 시인이면 그의 나태함에 불만을 터트린다. 게으르다고. 신간 나온 지가 언젠데 여태 뭐하느냐고. 이렇게 애태울거면 처음부터 시를 쓰지 말든지. 수도꼭지를 틀면 물이 흘러나오듯이 연필을 갖다 대면 시가 줄줄 흘러나와야 되는 것처럼 억지를 내놓는다. 혼자서.

개인적으로 특별히 좋아하는 시나 취향은 정해져 있지 않다. 감정을 어떻게 표현 못해 갑갑증에 짓눌려 있을 때가 있다. 붉은 장미를 검은 장미라고 억지 부리고 싶을 때다. 시인이 날렵하게 내 심정 그대로 '그래, 검은 장미야, 장미색은 검정이라고' 우겨줄 때 편이 생긴 나는 살아 있어서 행복하다는 감정에 휩싸인다. 그리고 다음 고집을 기다리게 되는 것이다.

소설이나 시로 이미 가슴을 아는 작가의 '시집'에서 한 줄을 건지지 못하면 어쩐지 빚진 느낌을 받는다. 미안한 감이라고 할까. 정성들여서 준비한 선물이지만 받은 사람은 별로 맘에 들지 않는 것 같은. 그런데 전혀 예상도 하지 않았던 낯선 '시집'에서 심장에 불난 것 같은 뜨거움을 만나면 그 행복함이라니. 혹시 시인이 더 쓰지 못할까봐 노심초사하게 된다.

주르르 읽어버린 수많은 시집(詩集)들에게 미안하다. 한 권을 엮기 위해 세 배 분량의 시를 모으고 고르고 고른다는 어느 시인의 말을 상기하면 내 무성의가 부끄럽고 아프다. 소설이 삶의 단면을 건져 움직이는 작업이라면 시는 마음 한 조각을 찾아내는 작업이랄까. 그래서 시를 읽는 일은 같은 가슴을 찾아 헤매는 작업이기도 하다.

(20090920160)

그땐 천재였나!

'다시 읽고 싶은 책'이란 말이 귀에 닿는 순간 전깃불처럼 머릿속에 켜진 수필집 「저 물레에 운명의 실」이었다. 두꺼운 표지로 새롭게 단장된 책을 들면서 낯선 감이 들었다. 그런데 첫 페이지를 열자 말자 '아, 그래 이거였어!' 하는 탄성이 나왔다. 앉은 자리에서 다 읽고 마지막 장을 덮으며 다시 탄성을 질렀다. '감사합니다. 고맙습니다.'

한 권의 책 속에 든 단 한 문장도 낯설거나 기억에 없는 것이 없었다. 그동안 수없이 인용하고 써먹었던 상식적 문장들이 한 줄도 빠짐없이 책 속에 앉아 있었다. 아예 한 권을 통째로 다 외고 있다는 것을 알았다. 오래전 독서기록장을 찾아보니 1976년 5월, 그러니까 스무 살 5월에 읽었던 책이다. 스무 살엔 내가 천재였었나 하는 의심이 들 정도다. 내가 가지게 된 여성, 여자라는 이미지를 확고하게 그림 짓게 만든 책이라는 것을 알게 되었다.

남아선호사상이 특별한 할아버지 슬하에서 유년 시절을 보냈고 어머니의 심각할 정도의 아들 선호주의에서 십대를 살았다. 장녀로 태어났지만 두 살 터울로 동생을 보면서 호적등록을 할 정도였으니. 의식이 거의 질식 상태에서 이 책을 만나 해방을 맛보았던 것 같다. 뭔지 모를 피해의식과 자존감의 상실에서 벗어나는 계기가 되었다고 할까. 스무 살까지 겪었던 일상들이 개인의 문제이기 전에 인류역사이며 사회 일반화라는 것을 알게 해준 것이다.

스무 살 그때는 세포 하나하나마다 새로운 공기를 찾아 방황하던 시기였나보다. 그랬으니 의미를 머리에 기억을 시킨 게 아니라 온 세포를 열어 스펀지처럼 흡수시켰다는 표현을 하고 싶다. 머리로 기억한 것이 이렇게 선명하게 한 점의 토씨도 틀리지 않게 외우고 있을 수는 없는 것 아닌가. 정말 놀라울 뿐이다. 그렇기 때문에 책에서 받은 충격으로 너무나 많은 사고의 변화를 겪었고 살아오면서 오늘의 내 모습을 만드는 기승전결이 되었다는 것을 확인한다. 정말 고맙고 감사하기 이루 말할 수가 없다.

그런데 지금 다시 보니 알고 있고 이해까지 했는데 놓친 부분이 있다. 분명 몇 십 년이 지난 오늘날 이렇게 변할 모습을 얘기해주고 있었다. 어떤 의식이 자리할 것이며 사회 속에 여성의 위치는 어느 방향으로 가게 되며 그래서 지금 무엇을 준비해야 하는지를 제시하고 있었다. 그때 나는 그것을 보는 눈이 부족했다. 과거를 치유하고 피해의식에서 해방되는 행복함과 여자로서, 인간으로서 자아를 찾는 일에 급급했다고 할까.

조금 더 깊이 있는 사고를 했더라면 내적뿐만 아니라 외적으로도 성공한 삶을 꾸리지 않았을까. 그런 생각에 미치면 오늘 만나는 어떤 책에서도 앞으로 올 70대에 성공한 삶을 제시해 주고 있을거란 생각을 해본다. 무슨 말인지 이해하면서도 나와 상관 지을 줄 모른 채 겉만 훑고 지나치는 많은 부분이 있을 것이다.

스무 살에 기록하여 둔 독서기록장엔 '내가 아들을 갖게 된다면 꼭 이 분 같은 모습으로 키우리.'라고 각오하고 있다. 스무 살이었는데, 스무 살 밖에 안 되었는데 왜 내 삶을 변화시킬 생각을 하지 못했을까. 자신이 바로 서고 다음 아들 키울 생각을 했어도 괜찮았을 텐데 못내 안타깝다. 그때 내가 '저 분처럼 되어야지' 했더라면 지금 나는 어떤 모습일까. 그나마 특별한 독서량과 학문을 가장 좋아하는 아들로 성장해 주긴 했다.

작가가 현존해 있는 오늘 다시 읽고 진정으로 '감사하다'는 말을 이렇게나마 남길 수 있어서 참 좋다. 가끔 TV에서 숨 쉬는 시간마저 아까운 듯 빠르게 말하는 작가를 본다. 그때마다 몇 날 며칠 하고 싶은 얘기, 해주고 싶은 얘기를 다 할 수 있게 자리를 마련할 수만 있다면 하는 생각을 한다. 글과 말은 또 다른 느낌이니까.

본문 중에 '새벽은 얼마나 신속히 사라져가는 가를 알아야 할 것이다. 그 짧음을 안다면 결코 헛되게 순간의 나날을 휴지처럼 구겨버리지 않을 것이다.' 이 문장을 오늘 독서기록장에 옮겨 적는다. 오십대가 얼마나 빨리 사라져 간다는 것을 기억하기 위해서. 그리고 70대를 위해 무엇을 준비해야 하는지 꼼꼼히 따져 봐야 할 시점이라는 것을. (20100603164)

거제도 연가

도서관 신간 코너에서 「우리는 거제에 갔다」는 표제를 단 책이 눈에 들어왔다. 그 순간 확 심술이 났다. 누가 거제에 갔단 말인가. 이렇게 책으로 떳떳하게 자랑하고 있단 말인가 하는 생각이 수십 분의 일초 사이에 머리를 가로 질렀다. 책을 대출해 집으로 돌아오는 동안 계속 씩씩거렸다.

싸움이라도 할 량으로 달려들어 눈을 부릅뜨고 읽었다. 유명한 소설가분들이 거제에 다녀온 이야기들을 아주 소소하게 읊고 화가들이 그림을 곁들이고 있다. 거제시의 문화사업 일환으로 소설가와 화가 몇 분을 초청해서 거제시를 보여주고 감상을 홍보용 책으로 엮은 것이었다. 그런데 문제는 내 마음이다. 아무리 대단한 분이지만 처음, 혹은 두 번째 간 분, 세 번째 가고는 노래를 부른다. 아니 한 번도 가보지 못한 곳이라도 노래할 수 있다. 박경리 선생님은 하동에 가보지 않고도 『토지』를 썼다고 하지 않았는가.

하지만 내 고향이라서 문제다. 내 고향 거제는 나 이외엔 노래하거나 소설을 쓰거나 아는 척하면 안 된다는 것이 나 혼자만의 사랑이다. 나에게 그곳은 바다 위에 떠 있는 작은 섬일 뿐이다. 작고 작은 섬들을 졸개로 거느리고 골목대장 노릇을 하는 개구쟁이 같은 섬. 태풍과 폭풍을 이마로 맞이하는 그래서 바람의 고향이기도 하다. 한겨울 내내 봄을 잉태했다가 북풍이 조금만 약해지면 보리밭 고랑에 복새풀이 수북이 올라오는 위로 아지랑이가 모락모락 올라오는 곳. 내 어릴 적 친구들이 양지바른 담벼락에 기대서서 가위 바위 보를 하며 까르르 웃음을 숨겨 놓은 그곳.

거제시라는 세련된 명칭도 유명한 관광지나 돈 많은 곳도 아닌 소박한 거제도이다. 고향이 어디냐고? 거제도가 어디쯤이냐고? 쌀은 나는 곳이냐고? 그러면 와락 화를 묻힌 목소리가 되어 지리 시간에 뭐했냐며 되묻곤 했다. 그곳에서 대통령이 나기까지는 늘 고향 설명을 해야 했다.

고향 거제도는 내가 그의 이름을 노래해야 한다. 그를 시로 만들어 내야한다. 내가 거제도를 소설의 주인공으로 만들어 내리라 꿈꾸어 왔다. 그런데 단 한 통의 편지조차 마련하지 못하고 오십 평생이 되었다. 거제 노래에 참가할 재주도 초정 받을 만한 이름도 없는 미력한 사람일 뿐이다.

자존심이 상한다. 화가 나서 자꾸 눈물이 난다. 나의 무능력과 꿈만 꾸며 보낸 게으름에 정말 화가 난다. 그 먼 곳을 온 나라 사람들이 줄줄이 좋아한다고 나설 줄 몰랐다. 태풍이 오면 바람에 떠밀려 가버릴 듯 파도에 묻혀버릴 듯 애처로운 모습이었는데. 참 희한하다. 갑자기 그렇게 아껴둔 고향을 빼앗겨버린 것 같다.

어느 소설가 한 분은 십여 년 전에 방문했을 때 거제의 이미지를 미지였다고 회상했다. 10년 전에 남겨 논 미지를 찾았지만 사라지고 어디에도 없었다고 서운해 했다. 10년 전에 눈여겨 두었던 마음속의 여인이 세상에서 영영 사라져버린 것 같아 미칠 것 같았다라고 했다. 그럼 나는! 50여 년 간직하고 있는 나의 거제도는?

거제 이름만 들어도 가슴 떨려하면서 정작 다녀온 지는 십여 년이 되었다. 그때 이미 서툴게 화장한 선술집 여인 같은 거제를 보고 왔다. 늘 마음에 생채기 난 것처럼 찜찜했다. 그런데 그 여인 모습마저 영영 사라지고 없단다. 지금은.

오래전에 수몰 지구에 들어간 고향을 주제로 쓴 소설이 생각난다. 그때는 고향을 잃은 작가가 참 아프겠다는 생각만 했다. 지금에야 그 상실감이 얼마였을까 가늠해 본다. 고향이 수몰된 사람들은 아마 물속에서 허우적이는 꿈을 꿀 거라는 생각을 한다. 그러면서도 수몰에서 고향을 건져 올린 작가가 부럽고 질투난다.

어디서든 거제도 하면 '외도'나 '포로수용소'를 떠올린다. 그리고 조선소엘 먼저 간단다. 포로수용소, 조선소는 거제의 액세서리일 뿐이다. 먼저 거제의 손을 잡고 온기를 느끼고 눈을 들여다보고 전설을 들어라. 내 고향 성내의 모습을 보라. 앞산에 올라서 보면 동그랗게 성으로 둘러싸인 곳. 세상에서 제일 큰 돌로 쌓아올렸다고 생각했던 옛 성이 있는 동네다. 성 발치에 사두섬이 편안한 자세로 드러누워서 갯바람에 등을 말리고 있는 고즈넉한 모습을 먼저 봐야지.

어느 작가는 '거제의 올망졸망한 바다 위의 풍경, 섬들이 만들어 내는 섧운 정이 느껴진다'고 했다. '죄 많은 달빛'이라고도 했다. 나의 거제는 섧지 않다. 겨울 북풍마저도 포근한데 섧을 리가 없다. 그리고 달빛은 연두색이다. 4월 속잎 색깔 같은. 분명하다. 거제는 어디에서도 바다색에 반사된 연두색 달빛이다. 꿈같은 청록색 바다를 매립한다는 소문이 돌 때 귀를 막고 싶었다. 제발 바다는 바다로 두면 안 될까. 어른들이 '내 눈에 흙 들어가기 전에는' 하는 말이 이해된다. 그렇다. 내 눈에 흙 들어가기 전에는 그런 뉴스를 듣고 싶지 않다.

산에 올라 나무 사이로 부는 바람도 파도소리로 들을 수 있는 귀를 준 거제도는 나의 연인이어야 한다. 그를 향한 노래는 나만 부르고 싶다. (20110216166)

스무 장의 엽서 그리고 여행

- 엽서 첫장

J에게

시간에 맞춰 탑승했는데 출발 직전 비행기가 고장이란다. 30분이면 된다더니 2시간이 지나 출발했다. 출발하기 전에 결함을 발견한 게 다행인지 불행인지 불안감은 있었지만 다행 쪽으로 마음을 바꾼다. 너트하나 때문에 창공에서 산화되는 상황은 피했으니까. 그리고 보름 동안의 긴 여행에 있을 많은 불편과 어려움이 이 액땜으로 행복하고 무사한 여행이 될 거라는 짐작이 다행 쪽으로 데리고 간다.

비행기 요동도 없고 마음이 가벼운 것은 음악 때문이다. 여러 번 여행을 했지만 음악을 듣기는 처음이다. 첼로 연주를 귀에 꽂고 있으니 참 좋다. 머리도 마음도. 그대 J가 옆에 앉아 졸고 있기 때문에 편안하고 행복하다. 해외여행의 필수품이 남편이라 했던가. 같이 여행 떠날 수 있게 시간마련하고 여비 마련하느라 애썼고 건

강해서 더 고마운 마음이네. 다시 일상으로 올 때까지 아름다운 시간만으로 채워지도록 노력합시다. 미미.

- 엽서 네 번째 장

이지연에게

포루투칼에서 인상적인 것은 콜크나무다. 나무의 허벅지쯤 되는 부분의 껍질을 벗겨서 콜크 제품을 만든다는 구나. 허벅지가 벗겨진 나무는 십년쯤이면 다시 껍질을 내어줄 만큼 옷을 입게 되고 다시 옷을 벗어주는 삶. 잠시 생각을 잡아 두는구나. 국경을 넘어 스페인으로 들어서자마자 분홍꽃길이 맞이한다. 풍성해 보이는 풍경들. 브로콜리 같이 생긴 소나무며 오렌지 농장도 잘 정돈되어 있고 유도화 꽃길도 끝없이 이어진다. 유채 꽃밭 같은 해바라기 밭까지.

세비아 성당에서 숨을 고른다. 엄청나게 크고 웅장한 성당. 건물을 짓는 수고는 두고라도 그 모습으로 설계되었다는 사실에 경탄한다. 누구의 머리에서 나왔을까. 어떤 이들의 가슴에서 지금 모습의 성당을 그려냈을까? 얼마나 많은 시행착오와 실패와 수정을 거쳐 오늘 내가 만난 모습을 갖추고 있을까? 오늘은 성당을 설계한 인간에 대한 경탄을 생각해보는 계기가 되었다.

어제 본 파티마의 새로 지은 예배당의 단순하고 말끔하던 모습에서부터 작은 낟알 크기에도 조각을 넣어서 다듬은 성당에까지 과연 누가 설계했을까? 하느님인가? 인간인가?

십여 년 전 서유럽 여행에서 만난 성당에서는 어깨가 뭉그러진 남자가 눈에 밟혔는데 오늘은 무수한 정말 무수한 선들이 그려진 도면을 놓고 충혈된 눈의 남자를 생각했다. 여행은 눈의 각도를 여러 방면으로 돌려볼 수 있는 계기를 주는 것 같구나. 콜크 나무처럼 어느 설계자처럼 우리 일상에서 주고 남길 수 있는 무언가를 찾아보자.

- 엽서 여덟 번째 장

원서영에게

아프리카 대륙 모로코에 왔다. 모로코의 옛 수도 '페즈'의 골목 골목을 누볐다. 영화 '천국의 아이들'에 나오는 풍경과 흡사하다. 한 사람씩 겨우 지나다닐 만큼 좁은 골목들 사이로 바위에 홈을 파서 들어앉은 집들 모습이다. 그 속에서 아기가 태어나고 자라고 결혼하고 또 아기가 태어나기를 이천 여 년. 값싼 중국산 의복들을 파는 가게들이 골목 사이 들어앉아서 페즈에 현대 바깥 문명을 섞고 있었다. 동굴 안에 촛불 하나 켜놓은 것 같은 침침함 속에서 인류역사는 계속되고 있는 것을 보았다. 우리를 안내하는 가이드는 '여기 올 때마다 대한민국에서 태어난 게 얼마나 다행인가 생각한다.'고. '이 골목에서 태어났으면 골목 속에서 살다가 갔을 텐데' 하더라. 처음부터 여기서 태어났다면 이 골목이 불행하거나 불편하거나 하진 않다. 지금 이 골목에서 뛰어노는 어린아이의 머루 같은 눈망울이 그것을 증거 한다. 그래도 우리가 얼마나 문명의 혜택을 많이 누리며 사는지, 편리한 환경에 놓여있는지는 다시 생각하게 한다. 감사한 맘이 밀려온다. 기말시험공부로 지쳐있겠지 내 조카!

- 엽서 열한 번째 장

상희에게

버스를 타고 코르도바에서 그라나다로 가는 중이다. 지금 지나가는 곳이 안달루시아지방이라고 하네. 밀밭과 해바라기 밭이 끝없이 펼쳐져 있다. 누르스름한 곳은 밀밭이고 연두색 노랑은 해바라기 밭이네. 줄지어 선 장병 같이 한 치도 오차 없어 보이는 간격으로 올리브 나무 농장이 끝이 없구나. 눈부신 태양과 올리브 농장과 해바라기 밭과 밀밭 등 열정적인 자연을 본다. 약간은 살비듬이 오른 중년여인의 허벅지 같은 느낌의 대지가 끝없이 펼쳐지고 있다. 풍만한 여인 같은. 해바라기 밭을 보는 순간 자네가 생각나구나. 저 광경을 본다면 숨이 넘어갈 듯 감탄할 자네 모습이 눈에 보인다니까. 정말 보여주고 싶다. 같이 보고 싶다. '아~ 언니~' 하며 내 등을 막 두드리며 감탄하는 모습을. 다음에 우리 꼭 여행 한 번 같이 하자. 아무 곳에도 누구에게도 신경 쓰지 않고 눈에 보이는 모든 것들에 감탄하고 수다만 떠는 시간들로만 채우는 여행이었으면 좋겠다. 그런 시간이 주어지겠지.

– 엽서 열세 번째 장

어머니께

지구의 반을 돌아 아주 먼 곳에서 어머니를 생각합니다. 천 년 전에 지어진 '알함브라 궁전'에 왔습니다. 천년이 지나도 옛 사람들이 다듬어 놓은 기둥 하나 벽 하나까지 그대로 남아 그때 살았던 사람들의 향이 나는 듯합니다. 왕비가 목욕했던 목욕탕과 마사지실도 그대로 보존되어 있네요. 여름에 더위를 피해 여름별장으로 만들었다는 '헤네랄리페 정원'이 아주 멋진 모습으로 가꾸어져 있습니다. 사이프러스나무가 쭉쭉 뻗어 그늘을 만들고 있습니다. 이 아름다운 정원에서 어머니 손을 잡고 천천히 걷는 모습을 연상해 봅니다. 어머니 팔에서 끈끈한 땀이 배어 나와 내 팔에 닿는 느낌입니다. 그러고 보니 어머니랑 여행이라 이름 붙여 떠나본 기억이 없네요.

열 시간이나 비행기를 타는 여행은 불가하겠지만 여행이라는 이름을 붙여 어머니랑 둘이 떠날 수 있는 기회가 주어질까요. 좋은 것 아름다운 것을 많이 볼수록 어머니께 보여주고 싶은 맘 간절합니다. 미안합니다. 나 혼자 좋은 곳 보고 다녀서 정말 죄송합니다. 여행지마다 성당입니다. 그때마다 '어머니가 맘이 편한 일상을 보낼 수 있게 도와 달라'고 기도드립니다. 건강하세요.

- 엽서 열아홉 번째 장

여행 친구들께

바르셀로나 람블라스 거리를 걷고, 구엘 공원에서 사진을 찍으며 여행의 마지막 일정을 진행하네요. 가우디가 설계하고 직접 건축 감독을 맡았던 건물 '성가족 성당'까지 왔네요. 1882년 3월 공사를 시작했다고 하니 거의 130년 동안 공사 중이라고 하지요. 20년 후쯤이면 완성될 계획이라고 설명하네요. 성가족 성당을 둘러보며 시간이나 삶의 길이에 대해 깊은 생각을 갖게 되었습니다.

우리들이 함께한 시간들에 대해 생각이 옮겨집니다. 처음 여행을 한 시점으로 기준 한다면 16년이 되나요. 첫 해외여행을 떠날 수 있게 마련해준 고마움을 늘 잊지 못합니다. 이번 여행까지 네 번의 해외여행을 했네요. 그것도 매회 열흘이 넘는 장거리 여행을 하게 되었고요. 신천지 같던 호주 여행이 일상과 가슴 모두를 거제도에서 지구라는 거대한 섬으로 옮겨갈 수 있는 탈출구 역할이 되어주었다는 걸 생각해봅니다. 바로셀로나를 끝으로 이번 여행을 마치게 되네요. 이곳 햇볕은 참으로 뜨겁네요. 열흘이 넘는 여행 동안 멋진 문화와 재미있는 시간 보내게 됨에 감사합니다. 오빠 아저씨들 너그러운 언니 깜찍한 동생 같은 여행 친구분들께 고맙다는 인사를 합니다. 우리가 살아갈 앞으로의 인생 여행도 오늘 만큼 별 탈 없이 부드럽게 잘 엮어나갈 수 있기를 성가족 성당에서 고개 숙여 기도하네요. 함께할 수 있어서 고맙습니다. (20110627180)

오래된 미래

- 라다크로부터 배우다

-새벽종이 울렸네. 새아침이 밝았네. 너도 나도 일어나 새마을을 가꾸자!- 1970년 시작된 새마을 운동 노래라 50대 이상은 자연스럽게 웅얼거려지는 가사다. 의식주는 물론이고 생각하는 방법도 새롭게 바꾸자는 운동이었다.

외관으로 드러나는 것은 초가지붕이었다. 해마다 가을이면 새 이엉으로 갈아야하는 초가지붕을 빨강 파랑색의 슬레이트와 양철지붕으로 바꾸었다. 그때는 온순하게 엎드려 있는 초가들이 가난을 상징한다고 인식했기에 슬레이트 지붕은 말끔한 신사복으로 갈아입은 것처럼 보였다. 누르스름한 색에서 원색으로 바뀌었으니 산뜻해 보이기도 했지만 어린 눈에도 유치하다는 느낌은 있었다. 하지만 초가를 단장하는 작업이 번거롭고 어렵다는 것을 충분히 알 수 있는 시골에서 어린 시절을 보냈기에 지붕 개량은 좋았다.

호롱불도 낭만보다 불편함이 컸다. 일 년에 몇 번씩 치르는 제

삿날 제사상에 켠 촛불이 얼마나 밝던지. 그리고 전깃불이 들어왔을 때 그 낯선 설렘. 마루 끝에 달린 전구에서 불빛이 나와 마당을 건너 대문 앞까지 비추던 모습에 밤이 빨리 오기를 기다렸다. 우물물도 그랬다. 우물 안 벽에 핀 이끼와 풀잎에 이슬이 맺혀있던 모습과 가끔 클로르칼크 냄새가 살짝 나는 우물물을 좋아했다. 어느 때부터 부엌 앞 수도꼭지에서 물이 나오기 시작했다. 손가락만 까닥하면 물이 쏟아지는 수도에 마음을 다 빼앗겼다. 어느샌가 우물은 말라가고 우물가 수국마저 처연한 모습으로 변해갔다.

버스가 하루에 서너 번 다니던 불편함과 흙자갈의 신작로를 해결하는 일이 급선무였다. 흙먼지를 뽀얗게 일으키며 버스가 출발하면 뒤 범퍼를 잡고 같이 뛰던 '차 잡기' 놀이는 재미났다. 그러나 차가 한 대 지나가면 신작로 가에 있는 우리집 마루는 흙먼지로 덮였다. 그때마다 걸레질을 해야 하는 수고로움이 아스팔트로 옷을 입은 도로 덕에 언제 그랬냐는 듯했다. 그랬다. 이름마저 신작로에서 도로로 바뀌었다.

새마을 운동은 온 나라를 말끔하게 단발시킨 격이 되었다. 모든 일상이 새로운 모습으로 단장되는 느낌이었다. 단발이 금방 보기엔 단정하고 편해 보인다. 하지만 세월이 가면서 세련돼 보이지는 않는다는 것을 알게 되었다. 언제부터인가 경부선을 오가며 뭔가 잃어버린 것처럼 허전한 맘이 들었다. 그것은 초가마을에서 피어오르던 저녁연기가 사라지고 울긋불긋한 지붕과 말썽쟁이 남학생 뒷머리에 바리캉으로 밀어놓은 것 같은 시멘트 길 등 어색해진 바깥 풍경 때문이었다.

'라다크'는 '산길의 땅'이라는 뜻을 가진 히말라야 산맥들에 둘러싸인 고원지대다. 4개월의 여름은 뜨거운 햇빛으로 시달리고 8개월가량의 겨울은 영하 40도 밑으로 떨어지는 추위로 꽁꽁 얼어붙는다. 모든 인간이 공통의 욕구를 가진다면 이런 자연 환경에서 무엇이 필요하고 그곳을 술렁이게 할 수 있을지 금방 답이 나온다. 히말라야가 꼭꼭 숨겨둔 비밀의 땅에 서양 문물과 사람들이 드나들기 시작하면서 변하기 시작한다.

1974년 외국인의 관광이 시작되고, 라다크도 히말라야 너머 다른 세상이 있다는 것을 알게 되면서 사람과 자연, 문화도 야금야금 변한다. 문화의 붕괴는 개발이 진행되는 동안에는 그들에게 어떤 일이 일어나고 있는지를 개괄적으로 파악하거나 제대로 알 수 없다는 것이다. 그래서 전통문화는 붕괴되고 라다크는 변해갔다.

그 무렵이면 우리의 새마을 운동과 거의 비슷한 시기로 변하는 모습도 똑같다. 옛것은 나쁜 것, 불편한 것, 바꿔야할 것으로 치부하며 모든 일상을 바꾸는 일들을 했다. 그래서 새로운 세상이 온 것처럼 느꼈던 것이다. 딱 그때쯤부터 현대의 정복자가 출현한 것일까? 개발, 광고, 미디어, 관광 등. 그들이 드디어 라다크에도 발을 들여놓기 시작한다. 글로벌 경제화라는 거대한 괴물이 '더 쉽게 더 빠르게 더 많이'라는 기치를 내걸고 소비 지향적 획일성 문화를 퍼뜨리면서 정체성의 근본을 훼손시킨다. '소비자가 왕이다'라는 구호와 함께.

'오래된 미래'라는 표제에서 호기심을 불러일으킨다. 오래됨과 미래라는 것은 공존하기 어려운 단어다. 표제가 말하는 '오래된 미래'는 앞으로 인류사회가 나아가야 할 방향은 문화든 자연이든 옛 모습으로 돌아가야 한다는 단정에서 오는 것임을 알게 된다. 인간이 가야할 미래는 이미 오래전부터 라다크가 유지해 왔던 자연친화적 순환체계에 순응하며 살아왔던 그 모습이라는 것.

'오래된 미래'를 읽으면서 티베트와 샹그릴라 여행을 다시 생각해본다. 오랫동안 계획하고 준비하고 있는 여행이지만 주춤해진다. 진정으로 샹그릴라가 제 모습으로 있어주기를 원한다면 그리움으로 대신해야 할까. '사랑해서 헤어진다'는 것처럼 '아끼니까 밟지 않겠다'는 마음? 여행객들을 위해 숙소를 짓고 편의를 위해 개발하고 건축하면서 본래의 모습을 잃어가는 라다크였다. 샹그릴라에서도 여행객으로 가는 내가 그곳 한 부분을 허물어뜨리는 일에 보태는 건 아닐까.

(20120719176)

만 년을 걸어서 오고 있는 손주 밝음이에게

동유럽 첫 기착지인 독일 프랑크푸르트 공항에 내렸다. 첫 마디를 숭한 말로 시작하게 되는구나. 어디선가 사람 타는 냄새가 난다. 사람 태우는 냄새를 맡아본 적이 없기에 어떤 냄새인지는 모른다. 그런데도 내 코를 헤집고 메케하고 누릿한 냄새가 속에서 치밀어 오른다. 독일에 도착했다는 기내 멘트를 듣는 순간부터 사람 타는 냄새를 찾고 있었던 것 같다. 그 이유는 며칠 전까지 「생존자」 책을 읽었기 때문이라는 것을 안다. 여행할 곳의 정보나 그 쪽이 배경인 책을 읽고 길을 나서면 전부터 알고 지내던 친구처럼 편하게 다가오는 느낌이 있다. 그중 「생존자」는 마지막으로 읽은 책이다.

뮌헨에서 하룻밤을 묵고 다음 여정은 오스트리아다. '짤츠캄머굿'이라는 높은 산과 호수가 그림처럼 펼쳐진 곳을 지나 '멜크수도원'에 왔단다. 소설 「장미의 이름」 배경이 된 도서관을 만났다. 9만여 점의 고서들이 세월을 짊어지고 점잖게 꽂혀 있다. 이곳은 소설을 읽으면서 상상했던 도서관보다 멋지고 화려한 왕궁이다. 서고의 책들은 정말 상상 이상이다. 중세에 이런 책들을 만들고 읽었다는 사실에 시간과 역사를 새삼 생각하게 된다. 그리고 「장미의 이름」에서 기독교가 「요한 묵시록」에 의한 공포와 두려움을 인간에게 던졌다는 대목을 다시 기억나게 한다.

슬로바키아를 거쳐 헝가리 부다페스트를 향해 가는 길이다. 너른 풀밭 같은 평지가 계속되는 바깥 풍경은 게오르규의 「25시」 소설 속 배경과 닮았다. 들판에서 일하고 있던 '스잔나'에게 야릇한 눈길을 주고 가던 헌병의 모습도 보이고 애틋함을 남기고 강제 징집으로 끌려가던 '요한 모리츠'의 모습도 여기 있다. 아마 작가가 이웃하고 있는 루마니아 출신이라서일 거다. 동유럽 국가들이 겪은 비슷한 역사의 얼룩에서 나온 작품이라 같은 분위기를 읽을 수 있다.

해질 무렵 도착한 헝가리 부다페스트에 가로등불이 들어오기 시작한다. 어느새 강변은 온통 황금색이다. 건물과 가로등을 비롯해 전 강변을 단색 빛으로 장식했다. 황금색 때문인지 부다페스트의 야경은 특별히 우아하고 아름답다. 넓은 강이 도시를 가로지르는 부다페스트는 서울과 많이 닮았다. 한강 위 다리마다 다른 색으로 꾸민 서울과 모든 강 주변을 황금색으로 꾸민 점만 다르다. 기회가 된다면 다시 오고픈 곳으로 점찍는다.

폴란드에 왔다. 아우슈비츠 수용소가 있다. 수용소 안에 전시된 그 당시 수용자들의 사진과 생필품들을 보면서 다시 역한 냄새에 시달린다. 「생존자」 주인공들의 얼굴이 방마다 계단 모퉁이마다 서 있다. 벽에 손톱으로 긁은 수많은 자국들이 그들이 남기고 간 마지막 절규들로 그려져 있다. 배설물에 의한 고문으로 생존자의 순수성과 가치 의식에 무자비한 공격을 했다는 문장이 생각나는구나. 그래서 자기의 외모를 보살피는 것이 저항의 몸짓이 되고 생존에 필요불가결한 요소가 되는 거라고 했지. 커피를 마신 사람보다 커피로 세수를 한 자는 살아남았다고 했다. 앞으로 어느 세월 속에도 이처럼 참혹한 실수를 하는 일이 없어야겠지. 없을 거야. 걱정하지마! 자네가 살아야 하는 앞으로의 세상에는 이런 무자비함은 제발 되풀이 되지 않기를 할미가 기도한다.

강제수용소의 참혹함을 더 진하게 느끼라고 장대비가 내린다. 이 계절에 내리는 비로는 몇 년 만에 많이 내리는 거란다. 빗속을 헤치며 체코 프라하에 왔다. 프라하 광장은 빗물에 젖어 있고 길거리 카페에서 마신 한 잔의 맥주가 일품이다. 광장 노천카페에서 둘러보는 프라하는 오래된 석조 건물들이 같은 높이로 다른 모습을 하고 있다. 한 건물도 같은 건물이 거의 없다.

여기 프라하는 「변신」의 작가 '프란츠 카프카'의 출생지이다. 십대에 읽었던 변신은 당치도 않는다고 생각했다. 사람이 벌레가 될 수 있느냐고. 하지만 60년 가까이 살아오면서 벌레도 될 수 있고 벌레가 된 사람이 가까운 곳에 더러 있는 걸 보면서 작가 카프카를 우러러 보게 되었지. 「심판」 「성」 등 그의 작품들의 모호한 매력이 여기 거리거리에서 안개처럼 피어오른다.

또 프라하에서는 현존하는 체코 출신 작가 '밀란 쿤데라'가 떠올랐다. 그의 소설 「프라하의 봄」에 왔던 소련제 탱크가 골목골목에서 굉음을 울리며 광장을 휩쓸 것 같다. 주인공 토마스의 연인인 '테레사'의 카메라에 찍힌 프라하의 봄이 건물 벽마다 영상이 되어 보인다.

동유럽은 문학과 음악의 산실이었다. 알프스 산을 구심점으로 도란도란 둘러앉은 지형의 특성 덕분일까. 이번 여행은 확인하는 작업이었다. 그동안 만났던 문학이나 음악의 출생지를 확인했다 할까. 발길 닿는 곳마다 예술의 숨소리가 묻어 있구나. 여행은 새로움을 발견하거나 알고 있는 것을 확인하는데 의미가 있다고 한다. 어떤 분은 확인하고 만족하는 여행은 B급이라고 했지만 확인 속에 새로운 만남이 있더라니까.

손주 밝음아! 다시 제자리에 돌아오며 새로운 다짐을 한다. 동유럽 여행에서 얻은 힘으로 그대 맞이할 준비를 해야겠다. 여행 가방 내려놓자마자 집안 도배를 할 것이다. 묵은 먼지들을 싹 가셔내고 안온하고 화사한 분위기를 마련할 참이다. 자네 마음에 꼭 들 수 있는 벽지를 고르마. 엄마 뱃속에서 만 년을 살고 온다며, 그래서 돌이 되면 만 한 살이 된다는구나. 건강하게 열심히 걸어서, 걸어서 이 여름 다 보내고 첫가을에 만나자!

(20130605182)